KB176665

나를 찾는
고전 인문학 여행

나를 찾는 고전 인문학 여행

초판 1쇄 인쇄	2019년 2월 1일
초판 1쇄 발행	2019년 2월 1일
지은이	권녕갑
펴낸이	서정현
디자인	김영진
펴낸곳	카이로스
출판등록	제2017-000234호
전화	02-558-8060
주소	서울 서초구 서초중앙로 56 8층 824호
e-mail	suh310@hanmail.net
ISBN	979-11-962088-4-4 (03140)

나를 찾는 고전 인문학 여행

뜻을 만드는
위대한 사고과정
.
고전에
지금 사는 법이
담겨있다

경파 **권녕갑** 지음

나를 찾는 고전 인문학 여행

드림

_____

프롤로그

인생에는 정답이 없다. 명답만 있을 뿐. 살면서 힘들지 않은 날들이 얼마나 있을까. 우리는 매 순간 인생의 기로에 서 있고, 그때마다 최선의 결론을 찾는다. 하지만 그것이 어찌 그리 쉽게 내려지겠는가. 마흔을 넘어서게 되면 선택을 하는 것이 그리 쉽지 않다. 일단 선택을 내려야 할 것이 너무나 많고, 그 어느 것 하나 허투루 내릴 수도 없다. 나이 먹을수록 결정과 책임의 간극이 너무나 짧기 때문이다. 내가 내린 모든 결정에는 책임이 수반될 수밖에 없다.

그러니 더욱 신중해지고, 움츠러든다. 나아가 다양한 범위의 선택지를 앞에 두고 자신의 결정에 대해 명확한 신뢰를 하는 경우도 줄어든다. 어렸을 적에는 교과서와 더불어 참고서라는 것이 있었다. '전과'라고 부르는 것이다. 거기에는 교과서를 풀어나가는 방법이 자세히 적혀있다. 우리의 삶에서도 이런 '전과' 같은 것이 있다면 얼마나 좋을까.

그런 이유로 나는 이 글을 쓰기 시작했다. 1000년 전 혹은 그 이전, 선인들이 세상의 풍파를 맞으면서 이를 뚫고 나갈 방법이 바로 '사자성어'였기 때문이다. 이 네 글자 속에는 인생이 담겨 있고, 지혜가 있으며, 방향이 자리한다. 때로는 반면교사의 교훈을 얻기도 하며, 당연한 이야기지만 잊고 살았던 것도 다시 배울 수 있다.

특히 인생 2모작 시대를 앞에 둔 후배들을 위한 조언은 절실하다고 생각한다. 왜냐면 필자가 얼마 전 그런 위치에 있었기 때문이다. 우리 사회는 이미 노인이 전체 인구의 14%를 웃도는 고령시대로 넘어와 있다. 기대수명이 늘어난 것은 반가운 일이지만, 그 늘어난 수명만큼 인간적인 생활을 할 수 있을지 여부가 가장 큰 관심사가 되어 버린 것이다.

경제적으로 노후가 준비되어 있지 않으면 힘들 수가 있

고, 경제적으로 준비되어 있어도 돈으로 모두 해결할 수 없는 일들이 닥쳐오기 마련이다. 누구보다 독립적이고 강하고 똑똑하던 사람들도 언젠가는 누군가의 도움 없이는 살 수가 없기 마련이다. 무엇보다 우리를 더욱 힘들게 하는 것은 준비되지 않은 상황에서 밀려나는 일이다. 아직 무엇인가를 충분히 이룰 수 있음에도 갑자기 그것을 이룰 기회가 사라져 버리게 되는 것이다.

다행히 필자는 새로운 길을 찾아냈다. 그것은 직장을 다니면서 꾸준히 노력했던 서예 안에 있었다. 많은 고사와 사자성어를 만나 선택을 앞둔 상황마다 조언을 얻었고 나아갈 길을 찾는데 큰 도움을 받았다. 직장을 은퇴했다고 해도, 우리의 삶이 끝난 것은 아니다. 오히려 그 이후에 만나야 할 많은 인연을 어떻게 하느냐가 남은 생을 풍족하게도 하고 빈곤하게도 할 수도 있다.

이 책에 적혀진 말은 옛 성현들의 말이지만 필자의 경험도 녹아들었다고 할 수 있다. 성현들의 이야기를 그대로 쓰기보다 앞서 인생의 여러 경험을 통해 얻은 나의 목소리까지 첨언해, 그와 유사한 상황에 놓이게 될 후학들에게 조언해주고 싶은 것이 간절한 마음이다. 십수 년간 직장을 다니면서도 사자성어를 서예로 쓰면서 그 뜻을 되새기다 보면 무릎을 치는 경우가 한두 번이 아니었다. 하나의 글자에 들어간 의미가 때로는 너무 커서 몇 날 며칠을 감탄하기도 했다.

이 책은 그중에서도 엄선된 글들만 모아놓았다. 물론 필자의 식견이 때에 따라 도움이 되지 않을 수도 있다. 하지만 받아들이는 사람이 단 한 사람이라도 있다면 이 책이 세상에 나온 의미는 충분하다고 생각한다. 이제부터 그 이야기를 차분하게 대화하듯 풀어나가고자 한다. 책이 나올 수 있도록 도와준 많은 분들께 감사드리며, 특히 긴 세월 동안 지지해준 아내와 아이들에게 고맙다는 말을 전하고 싶다.

고전에서 길을 찾고자 하는
경파 권녕갑

목차

첫 번째 장

자강불식 | 自强不息 |

스스로 강해지다

고전에 지금 사는 법이 담겨있다   18

정신없는 변화의 속도 속에서 사는 법   25

세상이 변할수록 기본에 집중한다   32

쉴 줄 알아야 다시 뛴다   40

갈수록 중요해지는 독서   45

치망설존 | 齒亡舌存 |

유연함이 나를 살린다

독함과 강함의 차이를 알자   52

곤경에 빠지지 않으려면 미리 준비하라   59

대쪽 같은 사람의 참 의미   64

유연함이 나를 살린다   72

멘토와 후배를 대하는 태도   79

태산처럼 받아들여라   86

신오 | 新吾 |

나를 새롭게 한다

사자성어로 보는 인생 사는 법   94

후발제인(後發制人), 나중에 출발해서 앞서가는 이를 이겨낸다   100

성동격서(聲東擊西), 말로는 동쪽을 친다고 하면서 서쪽을 친다   105

지피지기(知彼知己), 상대를 알고 나를 알면   112

화비삼가(貨比三家), 물건을 살 때는

　　　　　　　　　　　세 곳 이상은 다녀보고 비교해 본다   118

피로전술(疲勞戰術), 상대를 피로하게 만드는 전략   124

종용불박(從容不迫), 차분하여 당황하지 않는다   129

기세압인(氣勢壓人), 기세로 상대를 누른다   135

격장법(激將法), 적장을 자극해 화나게 하는 전술   142

의금상경 │衣錦尙絅│

으스대지 않고 겸손하게 행동한다

의금상경(衣錦尙絅), 으스대지 않고 겸손하게 행동한다   152

조이불망(釣而不網), 낚시질은 해도 그물질은 하지 않는다   157

완물상지(玩物喪志), 물건에 집착하면 뜻을 잃는다   163

봉산개도(逢山開道), 산을 만나면 길을 뚫어라   169

수적석천(水滴石穿), 떨어지는 물방울이 바위에 구멍을 뚫는다   176

구이경지(久而敬之), 편하다고 함부로 대하지 않는다   182

착륜지의(斲輪之意), 수레를 깎는 느낌   187

거일반삼(擧一反三), 하나를 알려주면 셋을 안다   193

기산지절(箕山之節), 절개나 신념을 굳게 지켜라   199

이청득심(以聽得心), 상대방의 말을 귀 기울여 들으면
그 마음을 얻을 수 있다   204

화룡점정(畵龍點睛), 용을 그린 다음 마지막에 눈을 그린다   210

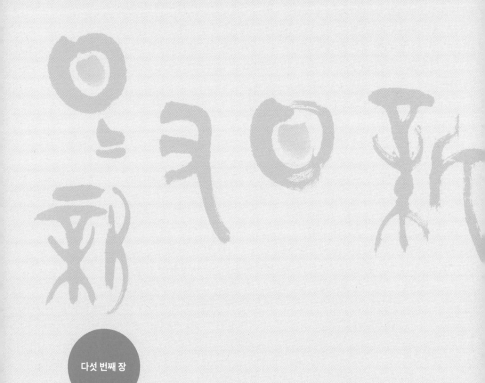

다섯 번째 장

일신우일신 | 日新又日新 |

매일 새롭게 하라

무신불립(無信不立) 믿음을 얻어라   218

마흔이 넘으면 인생 이모작 준비를 시작하라   223

영원한 직장은 없지만 영원한 직업은 있다   230

즐기는 사람은 절대 이길 수 없다   238

뜻을 만드는 위대한 사고과정   243

첫 번째 장

자강불식
|自强不息|

스스로 강해지다

**고전에
지금 사는 법이 담겨있다**

변화에 대한 감지와 적응, 혹은 유연함.
역설적이게도 이것을 키우는 힘은 바로 고전이다.

거인들의 지혜가 미래 여는 열쇠

사는 것은 결코 쉽지 않다. 우리 삶은 일직선이거나 원형이거나 네모나지 않다. 삶의 궤적에는 그런 기호로 도저히 표현 안 되는 그 무엇이 항상 따라 다닌다. 우리는 사실 하루하루 버거울 때가 많다. 그래서 내가 찾은 것이 바로 서예였다. 글을 쓰는 것에 또 다른 삶의 길이 있을 거라 생각했던 것이다. 서예를 하다 보니, 자연스레 고전을 읽고 공부하게 됐다. 그리고 학습하다 보니, 비로소 아차 싶었다. 이것을 말해주기에는, 내 주변에 배워야 할 사람들이 너무 멀리 있었던 것이다.

살면서 깨달았던 것, 현장 속에서 부딪히며 알았던 것들 혹은 원칙의 기준과 삶의 치열함 속에서 챙겼어야 할 지혜 같은 것들이 활자화되지 않은 채 내 몸속 어딘가에서 나만 알고 사는 노하우로 자리했다. 그것은 십수 년을 고전 속에 파묻혀 있다 보니 알게 된 것들이었다. 그것은 내 후배들이 따라오는 길이었고, 우리는 처음 쌓였던 눈을 치우는 사람들이었다. 우리가 그 자리를 비운다 해도 눈은 내리길 멈추지 않을 것이고, 누군가는 또 우리처럼 눈을 치우며 앞으로 나가게 될 것이었다.

거기에 더하여, 나만의 노하우라는 것들이 실상은 천 년여 전에 앞서간 거인들이 정리해 놓은 것의 아류였으며, 또한 원칙이었다는 것도 알게 되었다. 깨닫는 것이 늘 적용해야 할 시점보다 늦는 게 인생인지도 모른다. 나는 적어도 그렇지 않은 인생을 살았다 자부했건만, 아니었다. 고전이라 칭하는 거인들의 어깨에 일찌감치 올라탔었더라면, 내 인생은 궤를 좀 더 달리할 수도 있었지 않았을까 가끔 생각해 본다.

물론 지금도 늦지 않았다. 직장을 은퇴했다고 해서 내 삶이 끝난 것이 아니듯, 나 역시 지금부터 새로운 삶의 방향을 꿈꾸고 있다. 그 과정에서 만나게 될 사람, 혹은 나와 같이 일할 사람들을 위해 이를 기록한다. 수십 년간 몸 담아왔던 직장 식구들에게는 미처 전하지 못했던 여러 위기를 극복하는 지혜 말이다. 내가 타인보다 더 뛰어나서가 아니다. 그저 나는 모든 이들이 알고는 있지만 스스로 체계화시키지 못한 것들을 보기 좋게 쌓아놓는 것뿐이다. 적어도 내가 말하는 고전이 '지름길'은 아닐지언정, '이정표'는 될 수 있을 것이라 믿어 의심치 않는다.

그렇다면 고전이란 무엇인가. 아이작 뉴턴의 말을 빌려보면 "남들보다 조금 더 멀리 보고 있다면 그것은 내가 거인의 어깨 위에 올라서 있기 때문이다."로 정의할 수 있다. 이 말은 한 사람의 창조적 업적이 결코 한 사람만의 공일 수 없으며, 역사적으로 축적된 많은 사람의 지식과 지혜를 바탕으로 이룩한 것이란 뜻이다. 실제로 뉴턴이 가장 중요하게 생각했던 것이 바로 고전 읽기였다. 그는 입버릇처럼 "플라톤과 아리스토텔레스는 나의 친구다."라고 말해왔다.

고전이란, 역사 속에서 평가되고 현재에도 가치를 잃지 않는 것을 지칭한다. 단순히 오래된 것이 아니라는 것이다. 모든 고전이라 불리는 것들은 두 가지의 강한 성격을 갖고 있다. 첫째는 사람들에게 위대함을 인정받는 것, 둘째는 시대를 뛰어넘는 공감대를 갖는 것이다. 수백 년, 수천 년 동안 사람들에게 인정받아 온 고전은 사람과 세상을 관통하는 힘을 지니고 있다. 특히나 역사 속에서 많은 사람에게 인정받아온 거인들의 생각을 읽는다는 것은 우리가 현대에서 배워온 합리적인 지식보다 더 논리적이고 상상력을 자극하기 마련이다. 즉, 창의력을 생성해 낼 수 있는 토대가 된다는 것이다.

고전은 우리에게 실제 어떤 도움을 줄까

손자병법에 응형무궁 |應形無窮| 이란 말이 있다. 응형무궁 |應形無窮| 의 응 |應| 은 '대응한다'는 뜻이고, 형 |形| 은 '조직의 모습'이다. 무궁 |無窮| 은 '끝없이 변화하는 무궁한 상황'을 의미한다. 이것은 '끊임없는 변화에 준비하고 대응하라'는 뜻이며, 현대적으로 풀어서 해석하자면 '무한히 변화하는

상황 속에서 조직과 개인의 모습을 끊임없이 변화시키라'
는 뜻이 된다.

21세기를 살아나간다는 것은 빠르게 변화하는 상황 속
에서 늘 자신의 모습을 유연하게 바꾸어 대처해야 한다는
뜻이기도 하다. 지나간 모습으로 오늘을 맞이한다면 또다
시 승리를 찾기에는 불가능하다. 과거, 내가 한발 정진했거
나 어떤 상황에서 승리라고 말할 결과를 얻어내는 방법이
있었다 하더라도 매번 그 방법이 나에게 똑같은 결과를
안겨주지 않는다. 승리했던 방법에 도취해 있지 말고, 무궁
한 상황의 변화 속에서 새로운 전략으로 대응하지 않는다
면 누군가에게 자신의 위치를 내줄 수밖에 없다.

이러한 변화에서 살아남은 기업과 국가 그리고 대다수
개인 투자자들의 특징은 끝없이 변하는 상황에 맞춰 자신
들을 변화시켰다는 점이다. 그래서 살아남게 된 것이다. 다
시 말해 투자란 과거의 흐름을 명확히 인지하고 다가올
새로운 흐름을 예측하는 과정이다. 이 역시 고전을 통한
'미래 보기'의 한 일환이라고 할 수 있다.

우리 삶은 대부분 과거의 상황과 같은 듯하지만 매번 다

른 모습으로 다가온다. 투자의 경우 크게는 경제적 상황 변화와 정부의 정책에 따른 변화| 세제변화 | 그리고 개개인들의 투자심리와 시기에 따른 선호, 비선호 품목의 변화 등이 그것이다. 성공하는 투자자는 투자여건의 변화가 조금씩 변화하거나 급작스럽게 변화할 때 새로운 변화에 적응해 새로운 방식으로 답을 찾으려고 노력해왔다.

정리하자면, 세상의 승자로 기억되는 개인이나 집단은 역사를 막론하고 상황 변화에 놀랍도록 유연하게 대처해왔다. 변화에 대한 감지와 적응, 혹은 유연함. 역설적이게도 이것을 키우는 힘은 바로 고전이다. 과거의 성공과 실패를 바탕으로 추출된 거인들의 지혜가 미래를 여는 열쇠가 되는 것이다.

回光返照

회광반조

밖으로 향하던 마음을

안으로 거두어들여

자신의 내면을 관찰한다.

정신없는 변화의 속도 속에서
사는 법

우리가 집중해야 할 변화의 축은
'풀 체인지'가 아닌 '마이너 체인지'다.

개인의 변화는 선택이 아니라 필수

'살아남는 것은 강한 자, 머리가 좋은 자가 아니라 변화에 잘 적응하는 자다.'라고 했던 찰스 다윈이 살던 19세기를 보면 21세기와 닮았다. 기존에 굳건했던 어떤 질서들이 거대한 변화에 의해 부서져 내리던 시기였다. 인간이 해왔던 부분을 기계가 대신하고, 과거의 신분제가 무너지면서 사람들이 상식이라 부르던 것도 무너져 내렸다. 시대 흐름은 가차 없이 빨라졌고 세상은 하루가 달리 변했다. 세계는 더욱 촘촘히 연결되었고 유례없는 변화의 속도를 지구

대부분이 체험하게 된다.

지금의 세상 또한 마찬가지다. 20년 전에는 스마트폰, 구글이라는 단어가 존재하지도 않았다. 아니 존재했더라도 그 영향은 아주 미미했다. 그 당시에 어느 누가 구글, 애플 등이 지금과 같으리라 장담했을까. 다시 말해 지금 가장 융성한 사업 모델이 미래에 완전한 구식이 된다 해도 전혀 이상할 게 없다.

변화를 바라보는 시각은 바로 여기서 출발한다. '지금의 최첨단이라 불리는 것이 미래에는 구식이 될 수 있다.'는 지점 말이다. 이는 사회와 개인의 변화는 선택이 아니라 필수라는 의미이기도 하다. 문제는 무엇이 미래가 되어도 살아남는 변화인가 하는 것이다. 현대의 현자들은 다양한 분야에서 미래를 예측한다. 4차 산업이란 것도 10여 년 전 세계의 현자들이 내다본 미래의 모습 중 하나였다.

미래를 내다보는 눈은 성공과도 직결된다. 기본적으로 과거나 현대를 통틀어 성공한 사람은 실패를 꺼리지 않았다. 실패를 꺼리지 않았다는 것은 변화를 받아들이고 상황에 맞춰 변모했다는 것을 의미한다.

그러나 한 가지 짚고 넘어갈 문제가 있다. 변화를 받아들이는 것과 180도 달라지는 것은 같은 말이 아니다. 생각해보자. 매번 새로운 흐름에 맞춰 완전히 달라진다는 것은 40대부터는 결코 쉬운 일이 아니다. 어쩌면 30대도 마찬가지다.

'풀 체인지' 아닌 '마이너 체인지'

결국 우리가 집중해야 할 변화의 축은 '풀 체인지'가 아닌 '마이너 체인지'다. 즉, 우리 인생을 어떤 상품으로 규정할 경우 변화는 존재에 맞서 매번 완전히 새로운 모델을 내놓는 '풀 체인지'가 아니라, 일부 기능이나 디자인을 향상하는 '마이너 체인지'의 태도를 견지해야 한다는 것이다. 기본적으로 아주 엄청난 계기가 있지 않은 한 사람은 극단적으로 변화하지 않는다. 갑자기 뿌리까지 변할 수도 없다. 모든 변화는 사실 훈련이 필요하며, 서서히 이루어진다.

갑자기 어느 날 변했다는 사람도 알고 보면 평상시 여러 부분에서 꾸준히 변화의 훈련을 통해 바꿔온 경우가 대부분이다. 평소 결단을 내리는 연습을 반복하는 것이 종래에

우유부단한 성격을 바꾸는 것과 마찬가지다. 21세기의 미친 속도를 따라잡는 것은 그리 어려운 것이 아니다. 그저 조금씩 계속해서 변화에 적응하려고 하면 되는 것이다. 실제로 다양한 분야에서 두각을 나타내는 사업가는 새로운 일을 시작할 때, 처음부터 180도 바꾸려고 하지 않는다.

자신이 할 수 있는 일부터 차근차근 장악하며 변화를 시도한다. 우리가 변화를 위해 갖춰야 할 것은 '빠름'이 아니라 '작고, 조금씩'이다. 그러나 이 간단한 방법을 일상화하기 위해 우리가 가져야 할 마음은 생각보다 크다. 그 출발점이 바로 100% 의지를 갖고 끝까지 행동하는 일이다.

초부득삼初不得三이라는 고사성어는 처음 도전에는 실패했지만 세 번째 도전에는 성공한다는 말이다. 처음부터 성공하는 일은 없다. 무슨 일이든지 꾸준히 자신을 넘어서는 과정이 필요하다. 고전에서는 성공과 관련해 공통으로 말하는 부분이 있다. 실패보다 더 위험한 것은 '난 안 돼'라는 패배의식이라는 것이다. 스스로 포기하지만 않는다면 비전은 반드시 완성된다. 다만 100% 자기 의지를 갖고 행동하되, 자기 불신을 초래하기 쉬운 결심보다 자기 자신에

게 자신감을 줄 수 있는 작은 성취를 늘려가는 것이 중요
하다고 조언한다.

우물 안 개구리는 바다를 말할 수 없다

사자성어 중 '우물 안의 개구리|井座之蛙|'라는 말이 있다.
식견이 좁거나 편견에 사로잡혀 세상이 넓은 줄 모르는 사
람을 비유하는 말이다. 이 이야기는 장자|莊子| '추수|秋水|'
에서 나오는 유명한 대목이다.

'북해의 해신(海神)이 '우물 안 개구리가 바다를 이야기할 수 없다.'
고 한 것은 자기가 살고 있는 곳만 알기 때문이며, '여름벌레는 얼음
을 말하지 못한다.'고 한 것은 여름밖에 모르기 때문이다(井蛙不可
以語於海者, 拘於虛也. 夏蟲不可以語氷, 篤於時也).'

장자와 거의 동시대 사람인 순경|荀卿, 순자|도 '순자'에서
우물 안 개구리를 '식견이 좁고 시야가 막힌 사람'을 비유
하는 말로 사용하고 있다.

'사람들이 말하길, 얕은 것으로는 깊은 것을 재지 못하

고, 어리석은 자로는 똑똑한 자와 꾀하지 못하며, 우물의 개구리와 더불어 동해의 즐거움을 말하지 못한다고 한다.'

이 성어에 관련된 이야기가 있다. 한ㅣ漢ㅣ나라 말년, 왕망ㅣ王莽ㅣ이 제위를 무혈 찬탈하고 신ㅣ新ㅣ나라를 세웠다. 하지만 왕망의 무리한 개혁정책으로 인해 정국은 혼란에 빠졌고, 각처에서 반란이 일어났다. 신나라는 25년 만에 망하고 잠시 군웅할거ㅣ群雄割據ㅣ의 시대로 접어들었다.

당시에 마원ㅣ馬援ㅣ이란 사람이 있었는데, 외효가 마원의 사람됨을 알아보고 장군으로 임명했다. 당시 공손술은 촉에서 칭제ㅣ稱帝ㅣ하고 있었고, 외효는 낙양에 있는 유수와 공손술을 놓고 어느 쪽으로 기울 것인가를 저울질하고 있었다. 외효는 마원을 시켜 공손술을 만나 허실을 살펴보고 오도록 했다. 공손술은 무장한 병사들을 계단 아래에 세워 거만한 태도로 고향 친구인 마원을 맞이하고는 옛날의 친분을 생각하여 장군으로 임명하겠다고 했다.

공손술의 오만불손한 태도에 화가 난 마원은 서둘러 돌아와서 외효에게 말했다.

"자양ㅣ子陽, 공손술ㅣ은 우물 안 개구리입니다. 스스로 잘난

체만 하고 있습니다. 동쪽의 유수에게 뜻을 두는 것이 낫겠습니다."

이런 '우물 안 개구리'를 현대적으로 해석하자면 '스스로 성장을 멈춘 사람'이라고 할 수 있다. 한두 번의 성공으로 인해 그 성공방식이 마치 전부인 양 생각하게 된 것이다. 변화는 자기의지가 필수다. 그리고 그 의지는 지속적인 노력을 통해서만 가능하다. 겸손이라는 토대도 이런 노력의 밑받침이 된다.

고전에서는 스스로 갇히지 않기 위해 '독만권서 행만리로｜讀萬卷書, 行萬里路｜'라는 방법을 권한다. 많은 책을 읽고, 여행을 많이 하라는 뜻이다. 스스로 식견을 넓혀 '정저지와｜井底之蛙｜'의 신세를 벗어나라는 것이다. 21세기 엄청난 변화의 흐름에서 적응하는 것은 어쩌면 굉장히 원시적인 독서와 경험이다.

이것은 우리 일상이 '마이너 체인지'하도록 도와줄 뿐만 아니라, 시야를 넓혀준다. 이를 위한 투자에 인색하다 보면 앞으로 올 변화에도 인색해질 수밖에 없다. 스스로 우물을 만드는 격인 셈이다.

세상이 변할수록
기본에 집중한다

기본 없이 시작할 수는 있지만 결코 오래 갈 수 없다.
기본이 서면 나아갈 길이 생긴다.

기본이 서면 도가 생긴다

논어| 論語 |에 '기본이 서면 나아갈 길이 생긴다.'는 뜻인
본립도생| 本立道生 |이라는 말이 있다. 기본은 출발 지점이기
도 하고 회귀| 回歸 |할 지점이기도 하다. 또한, 기본 없이 시
작할 수는 있지만 결코 오래 갈 수 없음을 경계한 말이다.

'논어'에서는 공자와 비슷한 대우를 받는 두 제자를 쉽
게 찾아볼 수 있다. 바로 증자| 曾子 |와 유자| 有子 |다. 특히나
유자는 학문을 좋아하는 자세에서 공자를 빼닮았다고 전
해진다. 그래서 공자가 세상을 떠난 후에 제자들이 유자를

공자 대신에 섬기자고 제안할 정도였다고 한다. 이름에 자 |子|를 쓰는 것은 존칭을 의미하며, 다른 제자들은 모두 이름을 썼는데 증자와 유자 두 제자에게만 높임말을 쓴 이유는 무엇일까.

논어에서 유자는 '군자무본, 본립이도생|君子務本, 本立而道生 : 군자는 기본에 힘쓴다. 기본이 서면 도가 생긴다. |'이라는 말을 했다. 군자는 먼저 자신의 근본적인 직무에 최선을 다하는 사람이며, 기본을 지키지 않으면서 다른 사람에 관해 얘기하면 설득력이 없고 기본이 바로 서면 도|道|가 생긴다는 뜻이다.

기본은 쉬운 것들이다. 우리가 이 세상을 살아가는 데 있어 변치 않는 원리는 대부분 유치원이나 초등학교에서 배운 내용이다. 가령 '정직하라. 친절하라. 인사를 잘하라. 꿈을 크게 가져라'가 그것이다. 본립도생|本立道生|은 세상을 맑고 밝고 훈훈하게 만들 수도 있고, 자칫 세상을 위태롭게 만들 수도 있다.

행복한 나라, 좋은 나라는 모두의 희망이며, 그 희망을 일구는 일이 '기본을 바로 세우는 일'이며, 그 과정은 그리 어렵지 않다. 기본이 서면 나아갈 길이 생기기 때문이다.

그 기본을 바로 세우는 방법은 우리가 초등학교 시절에 배운 도덕|道德|을 바로 세우는 일이기도 하며, 도덕만 바로 세우면 대립할 일들이 거의 사라지기 때문이다. 질서나 규칙들이 지켜지지 않는 것도 이 도덕성이 없는 사람들 때문이라고 볼 수 있다.

우리가 가진 법이 '유전무죄 무전유죄'가 된 것도 사실 모두 이 도덕성 때문이며, 양심을 팔아 영달을 노리는 모든 부정한 일들 또한 부도덕함 때문이다. 그러나 대다수의 사람은 이 도덕을 우습게 생각한다. 남을 비난하면 안 된다는 것을 모두 알고 있다. 하지만 그런 것을 지킬 필요가 없다고 생각하며 살아가는 것이 문제이다. 모든 것은 우리들 자신이 어떻게 사느냐에 따라 달라진다.

물이 물로서 존재하는 것, 기본이 변치 않기 때문

노자의 철학은 한마디로 '물의 철학'이라고 한다. 그는 물을 최고의 선과 같이 여겼다. '천지의 도는 이로울지언정 해롭지 않고, 성인의 도는 일하되 다투는 법이 없다.' 물은 결코 다투는 법이 없다. 산이 가로막으면 멀리 돌아서 가고, 바위를 만나면 몸을 나누어 비껴가고, 곡류하기도 하고, 할수I 割水 I하기도 하는 것이다.

이에 대해 2016년 타개한 신영복 교수는 생전에 노자가 역설한 물에 대한 관점 중에서 우리가 얻을 수 있는 교훈을 네 가지로 정리했다.

첫 번째는 생명의 근원이며 본질에 대한 깨우침이다. 물을 끓이면 수증기가 되지만 수증기가 뭉치면 다시 물로 변한다. 또 물은 온도가 내려가면 얼음이 되지만, 얼음이 녹으면 다시 물로 변한다. 수증기로 변하든, 얼음으로 변하든 항상 'H$_2$O'라는 본질은 변함 없다. 기본은 항상 그대로인 셈이다.

두 번째는 다투지 않는다는 것이다. 물은 산이 가로막으면 멀리 돌아서 가고, 바위를 만나면 몸을 나누어 비껴간다. 가파른 계곡을 만나 숨 가쁘게 달리기도 하고, 절벽을 만나면 용사처럼 뛰어내리기도 한다. 깊은 분지를 만나면 그 큰 공간을 차곡차곡 남김없이 채운 다음 뒷물을 기다려 비로소 앞으로 나아간다. 물은 부지런한 근면성, 끈질긴 인내심 그리고 굴하지 않는 투지를 지니고 있다.

세 번째는 뛰어난 적응력이다. 물은 수소와 산소라는 본질은 조금도 변하지 않으면서, 둥근 사발에 담으면 둥근 모양, 네모진 통에 담으면 네모진 모양으로 변한다. 태풍이 휘몰아칠 때면 사나운 파도, 바람이 없을 땐 고요한 호수가 된다.

네 번째는 물은 아래로만 흘러가며 한 번 흘러간 물은 다시 제자리로 돌아오는 일이 없다는 것이다. 물은 아래로 흘러가서 가장 낮은 곳에 머무는 겸손함을 지니고 있으며, 한 번 흘러간 물은 다시 거슬러 올라가지 않는 특성을 보인다. 고로 세상에서 가장 낮은 물이 바다다. 낮기 때문에 모든 물을 다 받아들인다. 그래서 이름이 '바다'라고 한다. 신 교수의 이런 해석은 고전을 공부하는 사람들에게, 아니 나아가 인생을 공부하는 사람들이 꼭 새겨야 할 이야기다.

물이 물로서 존재하는 것은 그 기본이 변치 않기 때문이다. 인간이 대자연의 기본을 지키는 과정에서 감탄하고 탄성을 지르는 것은 어제, 오늘의 일이 아니다. 하지만 물처럼 우리 주변에서 기본을 이야기하고 있는 것은 흔치 않다. 물론 기본이 깨지는 경우도 있다. 너무 과하게 물이 쌓이면 그렇게 된다. 해일, 호우, 태풍이 그러하다. 기본 역시 거기에 집착하면 요즘 말로 '꼰대'가 되기 십상이다.

기본은 낚싯대와 같다

기본이라는 우리의 기본 원칙을 유념하되 그것을 강요하거나 밀어붙여서는 안 된다는 것이다. 내가 일상에서 자연스럽게 기본에 충실하게 되면, 그것이 곧 타인에게도 전파된다. 인생은 도화지가 아니다. 한번 그리고 나면, 혹은 얼룩이 묻으면 다시 하얀색으로 돌아가지 못하는 것이 아니란 뜻이다. 인생은 끊임없이 덧칠이 가능한 도화지다. 그 덧칠이 '바름으로의 회귀'이고 그것이 기본을 지키는 일이다.

성공은 영특한 자들만의 것처럼 보인다. 대단한 결단은 세상을 꿰뚫어 보는 현자만이 할 수 있는 것처럼 보이기도 한다. 그렇지만, 아니다. 고전에서는 기본을 지키는 자가 성공하며, 결단을 내린다고 한다. 모든 위대한 자들의 선택은 종래에는 기본으로 돌아가는 것이며, 위기를 극복하는 것 역시 기본을 기억함에 있다.

기본이라는 것에 충실하다 보면 변화에 대응할 수 있게 된다. 기본은 낚싯대와 같다. 세상이라는 바다에 드리워 놓고 기다리는 것이다. 그 기다림이 바로 노력이며, 시대를 보는 눈이다.

하루가 다르게 변하는 세상이다. 이런 세상이다 보니, 나도 무언가 엄청난 변화를 이뤄야만 생존할 것 같다는 생각이 들기도 한다. 하지만 그러지 않아도 된다. 기본을 지키면서 기다리다 보면 때가 온다. 그때가 바로 내가 한 단계 상승하는 순간이기도 하다. 그때라는 것을 파악하고 판단하는 것. 그것 역시 기본을 잘 지킨 자에게만 주어지는 능력이기도 하다.

호시우행

호랑이의 눈빛을 간직한 채 소걸음으로 간다.

눈은 늘 예리하게 유지하면서도

행동은 소처럼 착실하게 끈기 있게.

쉴 줄 알아야 다시 뛴다

나이가 들수록 쉬는 것은 의무다. 잘 쉬어야 더 달릴 수 있다.
인생은 결코 쉽게 승부가 나지 않는다.

더 나은 인생을 위한 휴식

'우리는 성장할 뿐 늙지 않는다. 하지만 성장을 멈출 때
비로소 늙게 된다.'라는 말이 있다. 사람이 멋지게 산다는
것은 어떤 것일까. 계층별, 나이별로 답은 차이가 있겠지만
누구나 멋지게 나이 들고 싶어 하는 것을 반대하지는 않
을 것이다. 나 역시도 다른 사람에게 '정말 멋지게 나이 들
어간다.'는 말을 듣는 것이 매우 기쁜 일이기 때문이다. 그
렇다면 멋지게 나이 들어가기 위해서 무엇이 필요할까.

우선은 자신의 미래 모습을 설계해야 한다. 지금으로부

터 1년 후, 아니 10년 후, 그리고 20년 후의 모습을 머릿속에 집어넣고 그중 가장 멋진 모습을 형상화할 수 있다. 그것이 완성되면 그 모습으로 가기 위한 준비를 지금 당장 시작하면 된다. 여기에 첨가할 것이 바로 쉬는 것이다. 쉼이 없다면, 우리의 인생은 좀처럼 다음 차례로 나아가지 못한다.

우리의 일상에서 '매일 근력운동 하기'와 '일주일에 4~5일 근력운동 하기' 중 어떤 방법이 운동 효과가 더 좋을까. 얼핏 생각하면 매일 꾸준히 운동하는 게 효과가 더 클 것 같지만 그렇지 않다. 일주일에 2~3일 정도 휴식을 취하는 게 운동 효과가 더 크다. 근력운동 후 휴식은 선택이 아니라 필수라는 점이다. 근력운동의 3요소는 운동, 영양, 휴식이다. 이 세 가지 중에 하나라도 빠지면 안 된다. 특히나 휴식은 매우 중요하다. 왜냐하면 운동할 때가 아니라 휴식을 취할 때 근육이 성장하기 때문이다.

근력 운동을 한다는 건, 근섬유를 갈기갈기 찢는 일이다. 자신이 할 수 있는 최대 무게로 최대 횟수 운동을 하며 근섬유를 다 찢어버리는 것이다. 찢어진 근섬유는 회복되는 과정에서 더욱 강인해진다. 다시 말해, 찢어진 근육이 재결합하며 더 큰 근육이 된다.

어쩌면 우리 인생과 비슷하지 않은가. 우리는 정말 열심히 산다. 특히나 베이비붐 세대인 나의 경우 인생 자체가 치열함 그 자체였다. 그것은 우리 세대 모두에게 적용되는 이야기다. 우리는 삶에 있어 휴식이 그저 사치라고만 생각해왔던 세대이다.

그런데 어떤가. 과연 우리는 성장했는가. 찢어진 근섬유가 붙을 만한 시간적인 여유를 주었을까. 나는 이 질문에 대해 최근까지 긍정적인 답을 내린 적이 없다. 그러다가 이 책을 쓰면서 비로소 휴식의 대단함을 깨닫게 되었다. 책을 준비하면서 잠시 머리를 쉬게 두었더니, 쌓여 있던 모든 자료가 서서히 정리되어감을 느꼈다.

'쉼'은 나와 내 주변을 아끼는 행위

영국 극작가 J포오드는 "휴식이 없는 노동은 브레이크 없는 자동차와 같다."라고 했다. 또 미국의 영성 신학자 유진 피터슨l Eugene Peterson l은 "너무 바빠서 도무지 쉴 때가 없는 사람은 게으른 사람이다."라며 되레 쉼에 관한 역설적인 교훈을 남기기도 했다.

이에 관한 연구 결과도 있다. 독일 뤼베크 대학의 연구팀은 세계적인 과학전문지 네이처에 '충분한 수면이 뇌에 영감을 가져다준다.'는 연구 결과를 발표했다. 수면을 취한 그룹이 그렇지 않은 그룹들에 비해 수학적인 영감을 필요로 하는 퍼즐들을 3배 가까이 더 잘 풀었다는 것이다. 일본 이화학연구소의 한 연구진은 '중간마다 적당히 휴식을 취하는 편이 기억의 효율을 높인다.'는 연구 결과를 내놓기도 했다.

인생에 있어서 쉼은 단순히 쉬는 것을 넘어 삶의 질을 높이는 데 필수적인 요소이다. 잘 쉬어야 일의 능률이 오르기 때문이다. 마치 근육을 만들기 위해서는 휴식이 필수인 것처럼 말이다. '쉼'은 충전이다. 신체적, 정신적인 피로의 회복을 꾀하며, 활동을 위해 필요한 체력이나 기력을 증진하기 위해 필요한 행동이다. 이것이 없다면 삶이 피폐해지고 능률이 저하될 수밖에 없다.

나이가 들수록 쉬는 것은 의무다. 잘 쉬어야 더 달릴 수 있다. 인생은 길고 결코 쉽게 승부가 나지 않는다. 체력이 필요하다는 것이다. 사실 고민도 체력이 있어야 할 수 있다. 피곤하고 힘들면 그냥 떠오르는 대로 결정하기 마련이다. 그러니 나은 인생을 위해 정말 해야 할 것은 휴식이다.

아울러 우리는 무엇 때문에 열심히 일하는가. 내가 사랑하는 이들과 함께 즐겁게 살기 위해서 일하는 것이다. 그리고 그 즐겁게 사는 것이 휴식이다. 쉰다는 일은 나와 내 주변을 모두 아끼는 행위라고 볼 수 있다.

갈수록 중요해지는 독서

두뇌를 지금보다 몇 단계 높은 차원으로
도약시키고자 한다면 인문 고전은 필수 불가결하다.

읽고 생각하고 실천하는 일 모두, 독서

독서는 저자의 시대와 사상, 철학을 배우는 소중한 정신
적 여행과 같다. 더 크게 보자면 옛 성현의 자취와 행적이
담긴 진리와 세상사의 이치를 찾는 보물창고를 여는 것이
기도 하다. 독서와 관련된 성현들의 가르침은 상당하다.

退筆如山未足珍(퇴필여산미족진)

몽당붓이 산처럼 쌓여도 그리 대단할 거 없고

讀書萬卷始通神(독서만권시통신)

책 일만 권을 읽어야 비로소 신명이 통하는 걸세.

君家自有元和脚(군가자유원화각)

그대 집안엔 대대로 전해오는 필법이 있으니

莫厭家鷄更問人(막염가계갱문인)

그 필법을 버리고 다시 남에게 묻지 마시게.

이 시는 중국의 시인 소동파가 지은 것이다. 당시 유근│柳瑾│의 집에서 술잔치가 베풀어졌는데, 이 자리에서 유근의 두 손자│소동파 사촌여동생의 아들│굉과 벽이 소동파에게 시를 글씨로 써주길 청하였다. 소동파도 서예에 뛰어난 사람이었기 때문에 유굉 형제가 글씨를 받고자 한 것이다. 이때 소동파가 조카들에게 두 수의 시를 지어 글씨로 써주었는데, 위의 시는 그중 첫 번째 것이다.

소동파의 시에서 '퇴필여산미족진│退筆如山未足珍│, 독서만권시통신│讀書萬卷始通神│'이라는 대목이 나온다. '퇴필이 산을 이루어도 족히 보배가 아니요, 천만 권의 책을 읽어야 비로소 정신이 통령하네'라는 뜻으로 서학의 어려움과 성가│成家│의 지표를 교시한 명언으로 지금까지 통한다.

중용에서도 독서의 유용함은 제시되고 있다. 중용은 5가지의 독서 방법을 말하고 있는데 박학, 심문, 신사, 명변, 독행이 그것이다. '박학'은 두루 혹은 널리 배운다는 뜻이고, '심문'은 자세히 묻는다는 뜻이다. '신사'는 신중하게 생각한다는 것이며, '명변'은 명확하게 분별한다는 것을 말한다. 그리고 '독행'은 진실한 마음으로 성실하게 실천한다는 것을 의미한다. 이것은 가만히 앉아 글자만 읽거나 그 안에 담긴 지식만을 추구하는 것이 아니라, 읽고 생각하고 판단하여 실천하는 것 모두가 독서에 해당한다는 말이다.

독서는 시대를 초월해서 지식과 정보를 언제든지 마음껏 손에 넣을 수 있는 가장 쉽고 확실한 방법이다. 독서를 하면 수많은 지식과 다양한 정보를 자신의 것으로 만들 수 있다. 현재 우리가 사는 21세기 지식 기반 시대는 무엇보다도 고도의 지식과 정보가 소중하게 대두되고 있다. 심지어 사주명리학을 하는 역술인들도 사람이 운명을 바꿀 방법으로 적선, 명상, 명당 잡기에 이어 독서를 논하고 있는 시대다.

그중에서도 인문 고전 독서는 나라와 가문과 개인에게

지대한 영향을 미친다고 한다. 삶을 살아가는 데 있어서 독서는 필수 불가결한 전공 수업이다. 우리들은 좋은 책을 통해서 얼마든지 과거 위인들의 삶을 엿볼 수 있다. 또한 지식과 정보를 얻을 수 있으며 세상 살아가는 방법과 이치를 깨달을 수 있다. 그렇기 때문에 자신의 두뇌를 지금보다 몇 단계 높은 차원으로 도약시키고자 한다면 인문 고전은 필수 불가결하다고 할 수 있다.

독서의 기본은 즐거움

뭔가 세상이 잘못되었다고 느껴지거든 낙담하기보다는 인문 고전을 손에 들고 읽어보면 어떨까. 그러면 아주 잠시라도 용기와 열정, 생각하는 힘이 생기고 사색하는 시간이 주어질 것이다. 그 정도의 힘이라면 세상을 살아가는 용기를 다시 얻기엔 충분하다. 나 역시, 평소에 서예를 하면서 많은 책을 읽는다. 주로 고전이지만, 현대의 작품도 빼놓지 않는다.

그래서인지 만나는 사람 중 독서와 관련해 나에게 "어떤 책을 보시나요?" 혹은 "고전을 읽으려면 무엇부터 봐야 하나요?"라고 묻곤 하는데, 개인적으로 특별히 고전을 먼저 보라고 권유하지는 않는다. 일단 읽는 것에 취미를 붙이는 것이 우선이기 때문이다.

아무리 독서가 중요하다고 한들 일이라고 생각하면 즐겁겠는가. 독서의 기본은 즐거움이다. 새로운 지식을 찾거나, 기존 지식을 견고하게 하기도 하지만 인간사의 이야기를 재미있게 풀어나가는 것이나 역사의 한 대목에서 주인공에게 몰입하는 것도 매우 중요하다. 활자와 친해지는 것이 중요한 것이지 독서 초보가 책을 고르는 것은 그다지 추천할 만한 일은 아니라는 것이다.

무엇을 봐야 할지 모르겠다면 베스트셀러를 사서 읽는 것도 나쁘지 않다. 들고 다니기 쉬운 얇은 책 위주로 골라서 읽되 심리적으로 여유가 있고 시간이 허락되는 주말에는 평소 들고 다닐 수 없는 두꺼운 책들이나 소설 등에 도전해보는 것도 좋다. 역시 책은 뭐니 뭐니 해도 집중해서 오랜 시간 읽을 때 그 맛이 나기 때문이다.

두 번째 장

치망설존
|齒亡舌存|

유연함이 나를 살린다

독함과 강함의 차이를 알자

내가 강함을 과시하는 순간
누군가는 내 앞에서 약함을 드러내야만 할 수도 있다.

독하다는 것과 강하다는 것의 차이

우리는 살면서 "그 사람 참 독해. 담배를 끊었어."와 "그 사람 참 강해. 그 위기를 버텨냈어."라는 말을 종종 들을 때가 있다. 둘 다 얼핏 보면 비슷한 말이다. 사실 독하다는 것과 강하다는 것의 뿌리는 같다. 버텨낸다는 것과 이겨낸다는 것, 지지 않는다는 것 등이 바탕이다.

그런데 사람들이 오해하는 것이 강하다는 것보다 독하다는 것을 좀 더 센 표현으로 안다. 독하다는 것은 마음이나 성격 따위가 모질다는 뜻이다. 모질다는 것은 도리를 지키지 않거나 외면하는 것이다. 즉 독하다는 것은 주변을 배려하지 않고 도리에 어긋남에도 어떤 대상과 싸움을 지속한다거나, 대상을 이기려고 든다는 것이다.

이는 부정적인 강함이다. 나아가 강함보다 더 하위 개념에 속한다. 강하다는 것은 어떤 상황에서도 버텨낼 힘이 있다는 것과 승리를 거머쥘 힘이 있다는 것을 내포하기 때문이다. 우리가 살다 보면 독할 때도 있고 강함을 추구할 때도 있다. 독하다는 것은 결국 누군가에게 상처를 입히기 마련이다. 남에게 상처를 주지 않고 독하다는 표현을 듣는 경우는 없다. 최소한 보는 이들에게라도 어떤 충격을 주기 마련이다.

우리는 생존을 위해 때론 이기적으로 고개를 돌려야 하고, 어쩔 수 없이 사회의 잘못된 수레바퀴를 돌리는 데 힘을 내줘야 할 때도 있다. 하지만, 이런 것들을 떨쳐내고 반성을 통해 앞으로 나아갈 때 비로소 강함으로 변모하게 되는 것일지도 모른다. 독함 역시 일견 강해 보인다. 하지만 여기에서의 강함에는 부드러움이 없다. 강함만으로는 세상을 살 수가 없다. 강함은 결국 부드러움에 진다.

인생을 살아가면서 많은 선배가 후배들에게 주고가는 말 중 하나가 "강하기보다는 부드러워져라"라는 말이다. 이에 대해 '강유겸전剛柔兼全'을 제시하고 싶다. 한 사람이 강함과 부드러움을 함께 갖췄다는 말로, 언행의 기본 지침이다. 옛 성현들은 이러한 덕목을 지닌 사람을 군자君子라고 하며, 군자는 仁어질 인과 德덕 덕과 같은 도덕적 미점을 가지고 있다고 강조했다. 이를 이어 붙여 군자지인君子之仁 또는 군자지덕君子之德이라고도 했다.

유사한 말로는 외유내강外柔內剛이 있다. 겉은 부드러우나 안은 대단히 강하다는 뜻으로, 사람이 들어야 할 평가 중 최고의 평가다. 살다 보면 어떤 사람은 아주 약하고 부드러워 보이나 실은 대단히 강한 의지의 소유자인 경우가 있다. 이런 사람을 만나는 것은 사실 축복이다. 외유내강은 재능으로 도달하기 힘든 경지이기 때문이다. 끝없이 노력하고 수련하며, 다양한 경험을 통해 완성된 사람이다. 요즘처럼 외강내유한 사람이 많은 세상에서 정말 귀한 사람이라고 볼 수 있다.

우리 모두는 강해지고 싶다

중국 '당서| 唐書 |'의 '노탄전| 盧坦傳 |'을 보면 중국 당나라 허난성| 河南省 | 출신의 노탄이라는 사람이 있었다. 그가 관직에 올랐을 때 상관인 두황상| 杜黃裳 |이 "어느 집안의 자제가 주색| 酒色 |에 빠져 재산을 탕진하는데 왜 보살피지 않는가?" 하고 물었다.

노탄은 "재물에 대한 욕심이 없는 청렴한 관리는 축재하지 않을 텐데, 재물이 많은 것은 곧 다른 사람을 착취해 얻은 것이다. 방탕한 생활로 재물을 다 써 잃는다면 다른 사람을 착취해 거둔 재물을 다시 그들에게 되돌려 주는 일이다."라고 하였다.

이후 황제가 절도사| 節度使 | 이복| 李復 |의 후임으로 요남중| 姚南仲 |을 임명하자 군대감독관인 설영진| 薛盈珍 |은 요남중이 서생| 書生 |이었다고 하며 반대하였다. 이에 대해 노탄은, "요남중은 외유중강| 外柔中剛 |이고, 설영진이 요남중의 인사에 동의하지 않는다면 이에 따르지 않겠다."라고 말하면서 설영진을 비판하였다.

여기서 나온 말이 외유내강과 같은 뜻의 외유중강이다.

노자 역시 부드러움을 칭송해 '세상에서 가장 여린 것이 가장 단단한 것을 뚫는다.'라고 말하였다. 사실 우리가 사는 세상은 힘의 논리에 의해 움직이는 것 같지만 꼭 그렇지만도 않다. 그래서 세상이 재미있는지도 모르겠다. 강한 것은 약한 것을 이긴다. 그러나 이기지 못할 수도 있다는 '의외성'이 자리한다.

모든 동물이 사자를 두려워하나 사자는 정작 모기를 두려워한다. 어떤 것에도 꿈쩍 안 할 것 같은 물소가 거머리는 못 당한다. 사람 사는 세상도 그러하다. 누군가의 잘못을 윽박지르는 것보다 부드럽게 감싸주는 것이 오히려 강한 힘을 갖는다. 그렇게 마음을 주면 더 큰마음이 되돌아온다. 억지로 강한 척, 힘센 척하지 않아도 우리가 원하는 삶을 얼마든지 풍요롭게 살 수 있다.

필자는 서예를 한다. 그런데 서예를 하려면 붓이 있어야 한다. 붓이란 것이 참 묘하다. 아니 신기하다. 그저 약한 실 혹은 털을 한데 뭉쳐 빳빳하게 묶은 것뿐인데, 금속으로 된 펜보다도 훨씬 강한 힘을 지닌 글자를 써낼 때가 있다. 굵고 힘 있고 거칠고 때로는 부드럽고….

그래서 금속의 펜촉을 아무리 눌러대도 붓의 일필휘지 |一筆揮之|를 이겨낼 수가 없다. 그러고 보면 딱딱하게 행동한다고 반드시 강한 게 아니고 부드럽게 살아간다고 반드시 약한 게 아닌 것을 서예를 통해 깨달았던 것 같다. 독함과 강함의 차이를 이야기하다가 부드러움으로 넘어왔다. 우리는 모두 강해지고 싶어하는 욕망이 있다. 초식동물로 보이기 싫어한다. 왜냐하면 누군가의 사냥 대상이 되고 싶지 않기 때문이다. 또 사람들이 나를 우습게 보지 않길 바라기에 그런지도 모른다.

그런데 강함 위에는 또 다른 강함이 있고 그 위에는 또 다른 차원의 강함이 존재한다. 아울러 내가 강함을 과시하는 순간 누군가는 내 앞에서 약함을 드러내야만 할 수도 있다. 독함은 그런 강함보다 더욱 낮은 단계의 방식이다. 독하다는 말은 절대 긍정적인 단어도 아니요, 치하하는 단어도 아니다. 그것은 경멸의 느낌이 배어 있고 누군가에게 해를 끼치는 마음도 들어 있다. 그러니 독하기보다는 강하려고 노력하자. 그리고 강하려거든 부드럽게 강해지자.

귀로

흙냄새 나는 사람이고 싶다.

나는 과연 어떤 모습으로 돌아갈까?

곤경에 빠지지 않으려면
미리 준비하라

객관적으로 현실의 나를 파악해서 더 높은 경지로 끌어올려
야 함과 동시에 미래를 보는 눈을 만들어야 한다.

미리 정해놓으면 꺼릴 것이 없다

凡事豫則立 不豫則廢 (범사예즉립 불예즉폐)

言前定則不跲 事前定則不困 (언전정즉불겁 사전정즉불곤)

行前定則不疚 道前定則不窮 (행전정즉불구 도전정즉불궁)

중용 20장의 한 구절이다. 우리 말로 풀이하자면, 무릇
일이란 준비하면 일어나고, 준비하지 않으면 없어진다. 말
이란 미리 정해 놓으면 걸려 넘어지지 않고, 일을 미리 정

해 놓으면 곤란에 빠지지 않는다. 또 행동은 미리 정해 놓으면 꺼릴 것이 없고, 도는 미리 정해 놓으면 궁해지지 않는다는 의미로 공자가 한 말이다.

사람들은 부자를 꿈꾼다. 그래서 부자학이라는 학문이 생겨날 정도다. 실제 학교에서 가르치는 것은 아니지만, 서점에 가보면 부자되는 방법을 적은 책들이 넘쳐난다. 읽어 보면 거의 엇비슷한 내용이 적혀져 있다. 일단 가장 큰 공통점은 부자가 되기 위해서는 눈앞의 이익에 급급한 근시안을 버리고 좀 더 장기적인 안목과 시대를 앞서가는 혜안 | 慧眼 |을 갖춰야 한다는 점이다.

사실 많은 사람이 돈을 벌기 위해 혹은 지금의 위기를 벗어나기 위해 눈앞의 이익에 집착하게 되는 경우가 많다. 또한 자신의 주머니에 들어온 돈은 잘 놓으려 하지 않는다. 이런 부류의 사람은 처음에는 꽤 많은 돈을 벌 수 있겠지만, 자신이 원하는 대로 큰돈을 벌기는 어렵다. 반면 어떤 사람은 '일을 해내려면 먼저 사람이 되어야 한다.'는 원칙에 따라 장기적인 안목을 기르고 시대를 앞서가는 비범한 혜안을 가진 경우도 있다.

미래를 보는 눈을 만들어야

세계적인 호텔 체인점 '홀리데이 인 호텔'의 창업주이자 억만장자인 케먼스 윌슨| Kemmons Wilson, 1913~2003 |이 있다. 유대인인 윌슨은 창업할 무렵 100달러도 안 되는, 그것도 할부로 구매한 재봉틀이 재산의 전부였다. 그 재봉틀을 활용해 장사하면서 조금 돈이 모이자 그는 곧 시장조사에 나서서 시장 상황을 분석했다. 그리고 시장을 전망한 후에 부동산 사업에 뛰어들기로 했다.

당시 미국의 부동산 산업은 침체해 있었다. 땅을 사서 주택을 지으려는 사람이 별로 없었다. 그는 미국 경제는 침체기였지만 분명히 호황기에 접어들 것이며 도시화도 빠르게 진행되리라 전망했다. 그때가 되면 땅을 사는 사람도 크게 늘고 땅값도 덩달아 급등할 것이라고 믿었다. 자금이 부족했던 윌슨은 땅값이 저렴한 교외 지역을 집중적으로 매입하기로 했다. 그러던 어느 날 교외의 한 황무지가 눈에 들어왔다. 그곳은 농사를 짓기에 적합하지 않았고, 지세가 나빠 교통이 불편해서 찾는 사람도 없었다.

하지만 그는 달랐다. 미국 경제가 빠르게 성장하면 도시

인구가 급증해서 도심 외곽이 '노른자 땅'이 되리라 판단했다. 그의 예상은 적중했다. 불과 3년 만에 미국의 도시 인구가 급증하고 도심 범위가 교외로 확대되면서 시원하게 뻗은 아스팔트가 윌슨이 구매한 땅 근처까지 연장됐다. 덩달아 땅값도 들썩이기 시작했다. 경치가 수려하여 여름철 휴양지로 적합하다고 생각한 부동산 업자들이 경쟁적으로 땅값을 올리며 땅을 구매했다.

하지만 윌슨은 눈앞의 이익 때문에 매입한 땅을 쉽게 팔지 않았다. 오히려 그는 그 땅에 자동차 이용자를 위한 '홀리데이 인 호텔'을 지었다. 호텔 위치도 적당할 뿐 아니라 편리했고 쾌적한 서비스를 제공했기 때문에 오픈하자마자 휴양객들이 몰려들었다. 호텔 사업은 나날이 번창했고, 세계 각지에 '홀리데이 인 호텔' 체인망을 구축해 세계 어디에서든 그의 호텔을 만날 수 있게 됐다.

누구에게든 시대를 앞서가는 혜안은 소중한 정신적 자산이다. 이런 혜안을 가진 사람은 현재 상황을 바탕으로 미래의 업종 변화를 분석하고, 자금과 자원을 합리적으로 투자하여 큰 이윤을 남길 만반의 준비를 한다. 바로 앞서 말한 중용의 '범사예즉립, 불예즉폐'가 바로 이들이 가진 능력이자, 혜안인 것이다.

우리가 장기적인 안목과 시대를 앞서가는 비범한 혜안을 갖고자 한다면 중용의 말을 새겨들어야 한다. 객관적으로 현실의 나를 파악해서 더 높은 경지로 끌어올려야 함과 동시에 미래를 보는 눈을 만들어야 한다. 준비만이 성공과 연결되는 통로다.

대쪽 같은 사람의 참 의미

욕심내지 말아야 하는 이유는
모든 악의 근원이 거기에 있기 때문이다.

세상에는 공짜가 없다

음마투전 ㅣ飮馬投錢 ㅣ이라는 말이 있다. 글자대로 뜻을 풀어
보면 말에게 물을 마시게 할 때 먼저 돈을 물속에 던져 물
값을 낸다는 뜻이다. 중국의 고서 삼보결록에 전해오는 사
자성어다. 옛날의 선비들이 말에게 강물을 마시도록 한 뒤
에, 강물이라도 거저 먹이는 것이 싫어서 그 값으로 강물
에 동전을 던졌다는 이야기에서 나왔다고 한다.

쉽게 해석하면 '공짜는 없다.'는 이야기다. 만물의 이치는
순리가 있다. 물론 가끔은 입을 벌리고 있을 때 홍시가 하

나 떨어질 수도 있고 무심히 산 로또가 1등으로 당첨되는 일이 발생할 수도 있다. 하지만 노력에 따라 결과를 얻고 그 이상을 바라면 과욕으로 낭패를 보는 일은 고금을 막론하고 진리임은 어쩔 수 없다.

요즘 TV를 보면 줄줄이 뇌물, 부정사건으로 몰락하는 고위층의 모습이 나온다. 예전부터 권력을 지닌 자가 타락하는 모습은 익히 우리에게 다양한 모습으로 등장해왔다. 권력의 꼭짓점에서 그 위세가 높아지다 보니, 덕을 보려는 사람들이 몰려들기 마련이다. 하지만 실수라도 하는 날이면 그 치부가 드러나면서 천 길 낭떠러지로 모든 권세와 명예가 추락하기 마련이다. 노력 없이 얻어지는 것은 부정한 것이며, 언젠가는 반드시 드러나게 된다. 그래서 옛 성현들은 이런 부정을 항상 멀리 하고 버리려고 노력해왔다.

공자의 생일 때 있었던 일이다. 제자들이 돈을 모아 선물을 마련했는데 그 선물은 순금으로 된 찻잔이었다. 제자들은 자랑스럽게 스승에게 선물을 드렸지만 공자는 거절했다. 제자들은 선물이 적어서 그러한지 송구해서 까닭을 물어보니 공자가 답했다.

"무릇, 사람들에게 있어서, 금잔은 보배이지만, 나에게 있어서의 보배는 노력 없이 금품을 함부로 받지 않는 청렴한 마음이라네. 이 금잔보다 나는 내 마음의 보배를 더 사랑하므로 이 금잔을 받을 수가 없다네."

청렴결백은 결국 나를 위한 것

유사한 말로 삼마태수┃三馬太守┃가 있다. 세 마리의 말을 타고 오는 수령┃守令┃이라는 뜻으로, 재물┃財物┃에 욕심 없는 깨끗한 관리┃官吏┃, 청백리┃淸白吏┃를 이르는 말이다. 이 말의 유래는 조선 중종 때 송흠┃宋欽┃에 대한 사자성어다. 당시 한고을의 수령이 부임지로 나갈 때나 임기가 끝날 때 감사의 표시로 보통 그 고을에서 가장 좋은 말 여덟 마리를 바치는 것이 관례로 되어 있었다.

그런데 송흠┃宋欽┃은 새로 부임해 갈 때 세 마리의 말만 받았다. 한 필은 본인이 탈 말, 어머니와 아내가 탈 말이 각각 한 필이었다. 그렇게 총 3필을 받아 그 당시 사람들이 송흠을 삼마태수라 불러 청백리로 기렸다.

조선조 청백리 제도는 관리 중에서 청렴결백한 사람만

을 선발하여 후세에 길이 거울삼게 했던 관기숙정│官紀肅正│을 위한 제도였다. 여기에 선발되기 위해서는 엄격한 심의를 거쳐 임금의 재가│裁可│를 얻어야 했다. 또 녹선│錄選│이 되면 그 자손들도 부조│父祖│의 음덕│蔭德│을 입어 벼슬길에 나갈 수 있는 특전도 주어졌다. 그러다 숙종 이후로는 이들 청백리의 자손이 너무 불어나 삼상│三相│과 고관이 추천하여 대개 5명 정도가 특채 등용되었는데, 그럼으로써 청백리가 많이 난 씨족들은 그것을 큰 자랑으로 삼았다.

고려 충렬왕 때도 임기가 끝나는 부사에게 7필의 말을 바치는 법이 있었는데 최석이라는 승평│지금의 순천│부사는 7마리의 말을 받지 않았을 뿐만 아니라, 애초 바치려던 말이 망아지를 낳아 8마리의 말을 승평고을 백성들에게 돌려주었다. 이에 부민들이 최석의 뜻을 기려 비를 세웠는데 바로 팔마비│八馬碑│다. 지금도 순천을 팔마의 고장이라고 하여 청백리의 고장으로서 자부심이 대단하다.

이밖에 전라남도 장성에는 이름은 물론 그 어떤 것도 적혀 있지 않아서 묘의 주인조차 가늠하기 어려운 비석이 있다. 비석의 주인은 부정부패 척결에 앞장섰던 박수량. 그는

세상을 떠난 후 가족들이 상여를 메고 고향에 갈 돈조차 없어 조정에서 장례비를 지원해 줄 정도로 청렴했다. 박수량은 중종, 인종, 명종 세 임금을 모신 38년의 벼슬살이를 하면서도 재물에 대한 욕심 없이 곧고 깨끗한 관리였다. 김인후가 지은 박수량의 묘지명 중에는 '삼정승|三政丞| 육판서|六判書| 지위에까지 올랐지만 초가삼간조차 없었던 청렴한 선비'라고 씌어 있다.

오죽했으면 조선 13대 임금 명종은 "그의 청백함을 알면서 비에다 새삼스럽게 그 실상을 새긴다는 것은 오히려 그의 청백에 누가 될지도 모른다."며 "수량의 청백한 이름은 이미 세상에 알려진 지 오래다."라 하고 비를 하사하라고 명하는 한편 그 비에는 한 글자도 쓰지 못하게 하고 다만 그 맑은 덕을 표시하기 위해 이름을 백비라 부르게 할 정도였다. 그는 청백리로서 이름 높은 주세붕과 이황과도 교유하면서 정론을 나누기도 했다.

박수량의 이야기는 왠지 마음 한켠이 묵직해진다. 그리 살기가 어디 쉽겠나. 그만큼은 아니더라도 그의 반의 반만이라도 현세의 관리들이 배웠으면 하는 마음이 절실하다.

조선왕조 역사 중 청백리는 단 218명

한말의 유학자 강효석姜斅錫이 우리나라 역대 인명에 대한 전거典據를 기록한 전고대방典故大方에 기록된 숫자에 따르면 조선왕조 500년 역사 중 청백리는 단 218명이었다. 그 주인공은 황희와 이황, 맹사성 등이다. 황희는 영의정 18년 등의 관직생활을 하는 60년 동안 계속 청백리로 뽑혀 세종 묘에 배향되었다. 헌종 이후 조선 말기에는 청백리를 뽑지 않았다.

청백리까지는 아니더라도 대쪽 같은 성격으로 후세에 알려진 사람들도 있다. 조선조의 맹사성 역시 둘째가라면 서러워할 청백리였고 대쪽 같은 성품으로도 유명했다. 세종이 부왕의 '태종실록'이 편찬된 것을 알고 보길 원했으나 사관 외인이 보면 역사의 공정성을 기할 수 없었기에 누구도 볼 수 없었다. 이때 맹사성이 나서서 "실록이란 사실을 기록해 후세에 보이기 위한 것인데 이를 전하께서 보시고 고친다면 후세 임금이 이를 본받아 또 고칠 것이고, 그렇게 되면 사관들이 두려워 제대로 기록하지 못할 것입니다."하고 간곡히 만류했다.

세종도 그 뜻을 받아들여 태종실록은 고쳐지지 않고 그대로 전해졌으며, 훗날 실록이 문제되거나 국왕이 함부로 첨삭할 뜻을 보이면 언제나 이 맹사성의 고사가 인용되곤 했다. 청렴결백과 대쪽 같은 사람은 통상적으로 연결되기 마련이다. 우리 같은 범인들은 솔직히 도달하기도 힘들뿐더러 높은 곳에 올라서야만 청렴결백이 어울린다고 생각하는 경우도 있다.

하지만 아니다. 남의 것을 탐하지 않고 내가 노력해서 얻은 것을 취하는 것만으로도 이미 청렴결백이라 할 수 있다. 내 것을 지키는 것이야 차치하고라도 남의 것에 눈을 돌리지 않는 것만으로도 마음의 평화는 지켜진다. 욕심내지 말아야 하는 이유는 모든 악의 근원이 거기에 있기 때문이다. 청렴결백은 결국 나를 위한 것이다. 화를 피하고 명예가 떨어지지 않도록 하는 가장 안전하고도 확실한 장치다. 하지만 이를 지키기 위해서는 대쪽 같은 마음이 필요하다. 인간의 마음이란 1분에도 몇 번씩 바뀔 수 있지 않은가.

길상운집

상서롭고 길한 기운이

구름처럼 모여든다.

유연함이 나를 살린다

유연성의 범위는 매우 넓다. 인내, 끈기, 정직, 성실, 용기, 희생, 겸손 등이 유연성 안에 포함된다.

진정한 강함은 부드러움에 있다

치망설존| 齒亡舌存 |을 직역하면 단단한 이는 빠져도 부드러운 혀는 남는다는 뜻이다. 강한 자가 먼저 망하고 유한 자가 나중까지 남음을 이르는 말로 흔히 쓰인다. 노자는 스승인 상종이 병을 앓게 되자, 문병을 하러 갔다. 상종은 입을 벌려 노자에게 보여주며 물었다.

"나의 혀는 아직 있느냐?"

"그렇습니다."

노자가 답하자 상종은 다시 물었다.

"나의 치아는 있느냐?"

"없습니다."

"이게 무슨 까닭인지 너는 알고 있느냐?"

"혀가 아직 붙어 있는 것은 그것이 부드럽기 때문이라고 생각합니다. 그러나 치아가 빠지고 없는 것은 그것이 너무 단단하기 때문입니다."

노자의 대답을 듣고 상종은 웃으며 "그렇다. 이 세상의 모든 일이 바로 이러한 것이니라."라고 말했다. 이 일화 이후에 노자는 도덕경에서 유승강 약승강 |柔勝剛 弱勝强|이라고 말한다. 부드러운 것이 단단한 것을 이기며 약한 것이 강한 것을 이긴다는 뜻이다.

현 시대 가장 필요한 덕목, 유연성

현 시대에서 가장 필요로 하는 덕목은 사실 유연성이다. 21세기야말로 다양한 강박의 시대이기 때문이다. 여러 강박 중에서도 가장 두드러지게 나타나는 현상은 자존감에 대한 강박이다. 자신의 자존감이 낮다고 생각해 이를 올리기 위해 분노를 자주 표출한다. 흔히들 "목소리 큰 놈이 이긴다."를 일상에서 표현하는 것이다.

이런 사람들과 대화하다 보면 평상시에는 조용하다. 그러나 어느 순간, 아주 작은 것이라도 자신의 자존심에 흔적이 남는다고 생각하면 어마어마한 분노를 표출한다. 아니, 꼭 자존심이 아니더라도, 별것 아닌 타인의 행동에서 '저 사람이 나를 무시한다.'면서 갑자기 격하게 반응하는 경우도 상당하다. 이밖에도 현대인들이 많이 겪는 감정 중 하나가 바로 '학습된 무기력'이다. 삶에서 잦은 실패를 하고 무엇인가 꼬인 후 '포기'라는 말을 너무 손쉽게 떠올리는 현상이다.

하지만 삶이란 실패의 연속이며 상대와 나와의 언어 교류의 지속이다. 모든 언어가 상대를 이해하고 나오는 것은 아니며, 어떤 언어는 공격적일 수도 있다. 그때마다 반발하는 것은 사실 자존감이 남들보다 낮기 때문이다. 상대의 말을 이해, 공감하거나 혹은 어떻게 이런 이야기가 이상황에서 나왔는지에 대한 사고의 유연성이 없으니 그냥 내 마음속 자석에 끌려가듯 끝이 귀결되는 것이다.

안타깝게도 우리나라의 교육은 사고의 유연성을 키우기

보다는 교과목 학습에 중점을 둔다. 미국은 좀 다르다. 실제로 미국의 한 대학교에서 미국과 한국의 학생을 대상으로 '벽돌의 용도'를 있는 대로 말해보라는 실험을 했다. 한국 유학생들은 집짓기, 장독 받침대 등 서너 가지 밖에 나오지 않았지만 미국 학생들은 무려 150여 가지의 용도를 나열했다고 한다. 사고의 유연성의 차이이다.

　물론 소신은 없고, 단지 살아남기 위해서 그때그때 힘센 자에게 굽신거리는 것이 유연성이라고 주장하는 사람도 있겠으나 정확히 말하자면 그것은 비굴함이다. 유연성은 고집을 버리는 일이다. 본인은 소신이라고 주장하지만 다른 측면에서 볼 때 단지 고집인 경우도 많다. 계획했던 바를 끝까지 밀어붙일 끈기나 뚝심이 없어서 포기하는 것과 그 계획이 처음부터 잘못되었거나 아니면 상황이 바뀌어서 쓸모없다고 판단해버리는 것은 다르다. 후자가 바로 유연성이다.

　'군참 | 軍讖 |'에서 이르기를 "부드러움은 강함을 제어하고, 약함이 강함을 제어한다. 부드러움은 덕이고 강함은 적이다. 약함은 사람들의 도움을 받고 강함은 사람들의 공격

을 받는다."고 했다ㅣ讖曰 柔能制剛 弱能制强 柔者德也 剛者賊也 弱者人之所助 强者人之所攻ㅣ.

'삼략ㅣ三略ㅣ'에는 '사람이 살아 있을 때는 부드럽고 약하지만, 죽으면 굳고 강해진다. 풀과 나무도 살아 있을 때는 부드럽고 연하지만, 죽으면 마르고 굳어진다. 그러므로 굳고 강한 것은 죽음의 무리이고 부드럽고 약한 것은 삶의 무리다. 그렇기 때문에 군대가 강하면 멸망하고, 나무가 강하면 꺾인다. 강하고 큰 것은 아래에 처하고 부드럽고 약한 것이 위에 처하게 된다ㅣ之生也柔弱 其死也堅强 萬物草木之生也柔脆 其死也枯槁 故堅强者死之徒 柔弱者生之徒 是以兵强則不勝 木强則折 强大處下 柔弱處上ㅣ'고 명시되어 있다.

물보다 더 부드럽고 약한 것은 없다

그리고 '노자ㅣ老子ㅣ' 76장에서는 '이 세상에서 물보다 더 부드럽고 약한 것은 없다. 그렇지만 굳고 강한 것을 치는데 물보다 나은 것은 없다. 물의 구실을 대신할 만한 것은 없는 것이다. 약한 것이 강한 것을 이기고 부드러운 것이 굳센 것을 이긴다는 것은 세상 사람 모두가 알건만, 그 이치를 실행하는 사람은 없다. 그래서 성인은 말했다. 나라의 좋지 못한 일을 맡은 사람을 나라의 주인이라 하고, 나라의 상서롭지 못한 일을 맡은 자를 천하의 왕이라 한다. 올바른 말은 반대되는 것처럼 여겨진다.'고 강조했다.

인생은 어떻게 보면 여러 종류의 승부를 끝없이 되풀이하는 과정이라고도 볼 수 있다. 각종 승부에서 이기는 횟수가 많아야만, 즉 승률이 높을 때 성공된 삶을 살 수 있다. 하지만 그 승부라는 것이 꼭 다른 사람을 이기는 것만을 의미하지는 않는다. 승률이 높은 사람은 이유가 있고, 지는 횟수가 더 많은 사람도 이유가 있다. 이기는 자의 방법은 잘 모르겠으나 지는 사람들의 행태는 짐작이 된다. 고집을 부리는 경우가 많을 때다.

사실 유연성의 범위는 매우 넓다. 인내, 끈기, 정직, 성실, 용기, 희생, 겸손 등이 유연성 안에 포함된다. 그러니 일부러 강한 척하지 말자. 일정 정도의 나이가 지나면 강하다고 과시하는 것 자체가 부끄러워진다. 그것은 어릴 때나 하는 것이다. 진정한 강함은 부드러움에 있다.

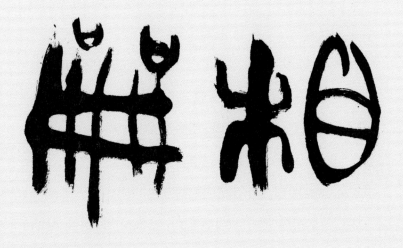

상화

서로 고르게 어울리다.

어울림을 통한 힐링이 바로 이것이다.

멘토와 후배를 대하는 태도

누군가가 나에게 배워야 할 것이 있다는 것은 내가 많이 알아서가 아니다. 내가 그를 귀하게 여기고 있기 때문이다.

좋은 스승은 길을 열어주는 사람

인류의 위대한 철학자 플라톤 뒤에는 소크라테스라는 멘토가 자리했다. 또 임상옥 뒤에는 홍득주라는 멘토가, 허준 뒤에는 유의태가, 박지성 뒤에는 히딩크라는 멘토가 있었다. 인생을 살면서 멘토가 없다는 것은 참으로 부끄럽고 쓸쓸한 일이다. 배울 것이 천지인 세상에서 내가 믿고 배움을 의지할 인물이 없다는 것은 내 삶이 허허롭다는 의미이기도 하다.

타인과 자신을 차별화하는 방법 중 가장 좋은 방법 중의 하나가 인생의 멘토, 위대한 스승을 찾는 것이다. 그들을 통해 나의 장점을 더욱 강화하고 약점을 객관적으로 바라볼 수 있기 때문이다. 인생은 수없이 많은 만남으로 이어지는 매듭이요, 연결고리다. 지금 이 순간 당신이 어떤 사람을 만나고 있느냐에 따라 인생의 질이 달라질 수 있다. 뒤집어서 이야기하자면 당신은 누구의 멘토인가. 누군가의 멘토가 될 만큼의 인생을 살아왔나. 멀리 볼 것 없다. 주변의 지인, 가족, 후배, 자식들 중에서 당신을 멘토로 생각하는 사람이 있는가.

작가가 되는 것이 꿈인 한 청년이 있었다. 그는 제1차 세계대전 후 유명소설가인 셔우드 앤더슨 I Sherwood Anderson I을 찾아서 무작정 시카고로 간다. 그는 작가가 되는 것이 꿈이었음에도 불구하고 글을 어떻게 써야 하는지도 모르는 청년에 지나지 않았지만, 자신이 쓴 글을 앤더슨에게 보여주는 용기는 있었다. 그리고 앤더슨 역시 그 글을 읽으면서 솔직하게 비평해주었다. 그는 앤더슨의 비평을 자신의 노트에 메모하고 밤을 새워가며 작품에 관해 토론을 벌이기도 했다.

2년 후, 그는 앤더슨의 소개로 첫 번째 소설 '해는 또다시 떠오른다'를 출간했는데, 이 작품을 계기로 작가로서 크게 인정받게 된다. 이 작가는 바로 '노인과 바다'로 노벨문학상을 수상한 어니스트 헤밍웨이ㅣErnest Hemingwayㅣ다. 만일 헤밍웨이가 앤더슨을 만나지 못했더라면 어떤 삶을 살았을까. 우리는 셔우드 앤더슨ㅣSherwood Andersonㅣ같은 사람을 인생의 멘토, 위대한 스승이라 부른다. 멘토는 사람의 미래에 영향을 미칠 수 있는 사람이요, 정신적 지주가 되어 이끌어주는 사람을 말한다. 인생의 롤모델ㅣRole Modelㅣ이 될 수 있는 사람이다.

우리는 흔히 롤모델을 삼고 싶은 사람이 있냐고 묻는다. 그러나 당신이 롤모델인가라고 묻는다면 부끄러워하기 마련이다. 아니다. 우리는 생각보다 많은 사람을 아래에 두고 있고 때에 따라서 그들에게 인생의 가르침을 줄 수도 있다. 유의할 것은 정말 그들이 원할 때, 원하는 가르침이어야 한다. 무조건적인 가르침은 그저 꼰대에 준하지 않는다.

누군가에게 가르침을 줄 때 기억해야 하는 것은 우리의 경험이다. 전사지불망ㅣ前事之不忘ㅣ이란 말이 있다. 앞일을 잊지 않는다는 뜻으로, 지나간 다사다난한 일들을 잊지 않고 확인하고 되새기는 것이다. 그러면서 자신의 삶과 현실의 상황을 정돈하고 이끌어 가는 것을 의미한다. 이는 곧 앞으로 다가올 미래를 올바른 방향으로 유도하는 과정에 대한 전제라고 할 수 있다.

우리가 누군가에게 가르침을 준다면, 이 과정이 전체다. 모든 일이 다 이러하지는 않지만, 우리는 경험을 통해 익힌 것을 바탕으로 현재를 돌아보고 이를 통해 미래를 말할 수 있다. 후학들에게 해줄 수 있는 조언이 이 지점에서 나온다. 소나 영양같은 반추동물|反芻動物|들은 되새김질을 한다. 이 되새김질은 단순히 미리 삼킨 음식물을 다시 올려서 씹는 것이 아니다. 육식동물의 위험에서 벗어난 상태에서 되새김질을 하는 것이다. 지속적인 환경 친화의 결과다. 경험이란 이 되새김질과도 같다.

뒤에 오는 후배들을 귀하게 여긴다

후생가외|後生可畏|라는 말이 있다. 뒤에 난 사람은 두려워할 만하다는 뜻으로, 후배는 나이가 젊고 의기가 장하

므로 학문을 계속 닦고 덕을 쌓으면 그 진보는 선배를 능가하는 경지에 이를 것이라는 말이다. 자기보다 먼저 태어나서 지식과 덕망이 뛰어난 사람이 선생|先生|이고, 자기보다 뒤에 태어난 사람, 즉 후배에 해당하는 사람이 후생|後生|이다. 그런데 이 후생은 장래에 무한한 가능성을 가지고 있으므로 가히 두려운 존재라는 것이다. 이 말은 '논어'의 자한편|子罕篇|에 나온다.

'자왈 후생가외 언지래자지불여금야 사십오십이무문언 사역부족외야이(子曰 後生可畏 焉知來者之不如今也 四十五十而無聞焉 斯亦不足畏也已). 공자가 말했다. 뒤에 태어난 사람이 가히 두렵다. 어찌 앞으로 올 사람들이 지금 사람들보다 못하다고 할 수 있겠는가. 마흔이 되고 쉰이 되어도 명성이 들리지 않으면, 이 또한 두려워할 것이 못될 뿐이다.'

여기서 '외|畏|'란 좋은 의미에서 존경하고 주목할 만한 것을 말한다. 뒤에 태어난 사람인 후배들에게 무한한 기대를 걸고 한 말이다. 그들의 장래가 어디까지 뻗어 나갈지

알 수 없는 기대가 섞인 두려움인 것이다. 지금의 나보다도 더 뛰어난 학문적 성과를 올릴 수 있기 때문이다.

공자는 이 말을 통해 젊은이는 항상 학문에 정진해야 하고, 선배되는 사람들은 학문을 하는 태도가 겸손해야 함을 일깨우고 있다. 공자가 후생가외라고 한 것은 그의 제자 중 특히 재주와 덕을 갖추고 학문이 뛰어난 안회 | 顔回 | 의 훌륭함을 두고 이른 말이다. 이 말은 '나중에 난 뿔이 우뚝하다.'는 '후생각고 | 後生角高 |'라는 말과도 뜻이 통한다. 후생각고는 제자나 후배가 스승이나 선배보다 훨씬 낫다는 말로 '청출어람 | 青出於藍 |'과도 뜻이 통하는 말이다.

공자마저도 뒤에 오는 후배들을 귀하게 여기고 그들에게 가르침을 줄 때 신경을 쓰고 있는데, 하물며 우리들이야말로 더욱 뒷사람을 귀하게 여겨야 하지 않겠는가. 결국, 후배들의 멘토가 된다는 것은 다름 아닌 그들을 귀하게 여기는 데서부터 시작한다. 뒷사람을 귀하게 여기니 그들의 고민이나 답답함을 명쾌하게 볼 수 있고, 이에 대해 자신의 경험과 지혜를 더하여 문을 열어주는 것, 그것이 바로 멘토요, 우리가 할 일이다.

성공한 사람만 멘토가 되는 것은 아니다

아버지로서 멘토가 될 수 있고, 형으로서 선배로서 멘토가 될 수도 있다. 누군가가 나에게 배워야 할 것이 있다는 것은 내가 많이 알아서가 아니다. 내가 그를 귀하게 여기고 있기 때문이다. 귀하게 여기니, 그의 고민에 더욱 귀 기울이고 그러면서 방법을 찾아가는 것이다.

좋은 스승은 많이 아는 사람이 아니다. 좋은 스승은 길을 열어주는 사람이다. 길을 열어주려면 배우고자 하는 사람의 상황이나 상태를 알아야 한다. 관심이 없다면 가르침은 그저 지식의 전달일 뿐이다. 그러니 조금 더 알았다고 으스댈 것도, 적게 안다고 고개 숙일 것도 없다.

멘토가 되는 것의 가장 우선되는 조건은 '상대를 귀하게 여기는 것'이다. 내 주변의 어떤 연장자가 나를 귀하게 여긴다면 내가 그를 보는 눈빛도 달라지지 않겠는가. 그런 마음으로 뒷사람을 대하다 보면, 나를 혹은 우리를 멘토로 부르는 사람들이 점점 늘어가게 될 듯하다.

태산처럼 받아들여라

우리는 일정 나이가 지나면 새로운 지식이나 사람,
심지어 감정까지도 받아들이길 꺼려 한다.

태산은 도량이 매우 넓다

사마천 사기[史記]에 이런 일화가 나온다. 이사는 초나라
사람인데, 낮은 벼슬을 하다가 변소에 있는 쥐와 창고에
있는 쥐를 보고 깨달음을 얻었다. 열악한 환경에 있는 쥐
는 생존을 위해 분주하게 움직이며 변화에 적응하지만, 창
고에 있는 쥐는 현실에 안주하며, 곡물을 먹느라 사람이
와도 피하지 않는 모습을 본 것이다.

이사는 두 쥐를 보고 "사람이 어질다거나 못났다고 하는
것은, 비유하자면 이런 쥐와 같아서 자신이 처해 있는 곳

에 달렸을 뿐이다."라며 출세를 위해 새로운 모험을 하기로 다짐한다. 사람도 마찬가지다. 현실에 만족하면 노력하지 않기 마련이다. 물론 항상 긴장하고 역동적인 삶을 살기는 어렵지만, 나태해졌을 때는 환경을 바꿀 필요가 있다. 그렇게 하지 않으면, 도태될 뿐이기 때문이다.

이런 이사와 관련된 최고의 고사가 바로 '태산 불양토양, 하해 불택세류 | 泰山 不讓土壤 河海 不擇細流 |'라는 말이다. 사기 | 史記 |의 이사열전 | 李斯列傳 |에 나온다. 태산은 작은 흙덩어리도 가리지 않고 받아들임으로써 큰 산이 되었다는 뜻으로, 도량이 매우 넓음을 이르는 말이다.

관련 고사를 살펴보면, 무자비하나 매우 효율적인 법가 사상을 이용해 여러 나라를 합병하고, 통일제국 진 | 秦, 기원전 221~206 |을 건설하는 데 공헌한 이사 | 李斯 |는 초 | 楚 |나라 사람이다. 그는 순경 | 荀卿 |을 섬기면서 제왕의 통치술을 익힌후, 더 큰 뜻을 펼치기 위해 초나라를 떠나 진 | 秦 |나라로 갔다. 마침 진나라 장양왕 | 莊襄王 |이 죽자, 이사는 진나라의 승상 여불위 | 呂不韋 |의 가신 | 家臣 |이 되었다. 여불위는 그를 신임하여 시위관 | 侍衛官 |에 임명하였다.

이후 이사는 진나라 왕에게 유세할 기회를 얻어 큰 신임을 얻게 되었고 객경| 客卿 |의 자리에 올랐다. 객경이란 다른 나라 인사를 등용하여 공경| 公卿 |의 자리에 해당하는 직위를 주는 것을 말한다.

그런데 한| 韓 |나라에서 온 정국| 鄭國 |이라는 자가 논밭에 물을 대는 운하를 만든다는 명목 아래 진나라의 인력과 자원을 소비시켜 동쪽 정벌을 포기하게 하려는 음모를 꾸몄다가 발각되는 일이 발생했다. 이 일이 일어나자, 왕족과 대신들은 모든 빈객을 축출하자고 들고 일어났고, 이사 역시 그 대상에 들었다. 이에 이사는 상소를 올려 자기 뜻을 전했다.

이 상소문을 읽고 진나라 왕은 빈객들을 축출하지 않았다. 여기서 '태산 불양토양'이란 말이 나왔으며, 도량이 매우 넓음을 비유하여 사용된다. 그 후 이사는 진시황을 도와 천하통일의 대업을 달성하게 되고 명실공히 진시황 다음 승상의 지위를 확실히 굳혀 권력의 핵심에 서게 된다.

그러나 진시황이 죽고 황제의 승계 과정에서 잘못된 선택을 함으로써 결국 자신은 물론 모든 일가가 처형당하는 비극을 맞이하면서 권력 무상의 비정함을 역사에 남기는 대표적인 본보기가 된다. 이사는 아들과 함께 처형당하기 직전에 "나와 네가 다시 누런 개를 이끌고 함께 상제의 동문을 나가서 토끼를 쫓아가고자 한들 어찌할 수 있겠는가."라는 회한이 가득한 탄식의 말을 남겼다고 사마천은 이사열전의 후미에서 기술하고 있다.

이 일화에서 우리가 주목할 점은 진시황의 태도다. 그는 이사의 말을 적극적으로 받아들여 주변을 흡수하는 것에 더 이상 반대하지 않았다. 받아들인다는 것은 그러하다. 세상에는 참으로 많은 것들이 있다. 그만큼 우리가 배우고 새겨야 할 것도 산더미 같다. 그럼에도 우리는 일정 나이가 지나면 새로운 지식이나 사람, 심지어 감정까지도 받아들이기를 꺼려 한다. 이사가 쥐 두 마리를 보고 세상으로 나아가고 또 모험을 한 것은 그가 받아들이는 것에 준비가 되었기 때문이다.

금이 밤보다 귀하다는 것을 아는 지혜

준비란 별것 아니다. 지금의 삶에 안주하지 않으면 되는 것이다. 지금 가진 것을 놓치지 않으려고 하다 보면 새로운 것이 올 수 없다. 두 주먹에 밤을 한가득 쥐고 있는데, 앞에 금덩이가 여러 개 나왔다고 해보자. 밤을 집어 던져야 금덩이를 주울 수 있는 것 아니겠는가. 밤을 던지기 위해서는 금덩이를 받아들이려는 마음의 자세가 필요하고 또 금이 밤보다 귀하다는 것을 아는 지혜가 필요하다.

우리는 과연 무언가를 받아들일 마음의 준비가 되어 있는가. 아직 준비가 되지 않았다면 이사의 창고로 여행을 떠나보자. 내 마음속의 두 마리 쥐는 각각 어디에 있는가. 그 답이 당신을 움직이게 할 것이다.

守真本守

수본진심

근본을 지켜 진실된 마음을 지닌다.

일체 바깥 상, 분별을 끊고

본래의 참마음을 지키는 것.

세 번째 장

신오
|新吾|

나를 새롭게 한다

사자성어로 보는 인생 사는 법

사자성어는 오랜 세월을 거쳐 온 단단하고 두툼한 동양의 지혜다. 그 안에는 선조들의 삶과 고뇌, 해법이 고스란히 담겨있다.

CEO들이 즐겨 쓰는 사자성어

대한민국의 대표 CEO들이 가장 좋아하는 사자성어는 무엇일까? 수년 전 삼성경제연구소에서 국내 CEO 413명에게 이런 부류의 질문을 한 적이 있다. 사자성어는 네 글자에 많은 것이 담겨있다. 인생 전반이 들어가 있고, 사업을 운영하는 지혜가 있으며, 적과 싸우는 법이 있다. 제대로만 배운다면, 인생이란 막막한 길을 걸어갈 때 남들과 달리 '지도'를 가지고 가는 것과 마찬가지다.

그러나 문제는 그 뜻을 여러 번 곱씹어야만 하고, 상황에 따라 해석이 미묘하게 달라진다는 점에서, 혹은 사자성어 간 서로 상충한다는 점에서 그리 만만한 일은 아니다. 그런 의미에서 사자성어는 네 글자와 뜻을 마냥 외우기만 한다고 되는 일은 아닌 듯하다.

CEO들이 가장 좋아하는 사자성어, 그들이 최우선적으로 뽑은 것은 脣亡齒寒 | 입술 순, 망할 망, 이 치, 찰 한 | 이다. '입술이 없으면 이가 시리다.'는 뜻으로 가까운 사이 중 하나가 없으면 다른 한편도 온전하기 어렵다는 의미다. CEO들은 이를 '성공하려면 인연을 소중히 하라'는 뜻으로 이해하고 있다. CEO들이 뽑은 사자성어는 또 무엇이 있을까.

螢雪之功 | 개똥벌레 형, 눈 설, 어조사 지, 공 공 |

'반딧불과 눈빛 불로 공부하여 성과를 이룸'이라는 뜻으로 어려운 처지에서도 새로운 지식을 흡수하며 견문을 넓힌다는 의미로 쓰인다.

日新又日新 | 날 일, 새로울 신, 또 우, 날 일, 새로울 신 |

'날로 새롭게 하며 나날이 새롭게 하며 또 날로 새롭게 함'이라는 뜻으로 날마다 잘못을 고쳐 그 덕을 닦음에 게으르지 않음을 의미한다.

臥薪嘗膽 | 누울 와, 섶나무 신, 맛볼 상, 쓸개 담 |

'섶에 누워 자고 쓰디쓴 곰쓸개를 핥으며 패전의 굴욕을 되새기다.'

라는 의미로 한번 실패해도 포기하지 않고 끝까지 도전한다는 뜻이

다. 복수의 의미로도 종종 사용된다.

三顧草廬 | 석 삼, 돌아볼 고, 풀 초, 오두막 려 |

'초가집을 세 번 찾아가다.'라는 말로 유비와 제갈공명의 고사로 훌

륭한 인재를 등용하기 위해 최선을 다한다는 의미로 쓰인다.

이밖에 높은 완성도를 위해 완벽함을 지향한다는 '격물

치지| 格物致知|'나 사사로운 감정을 버리고 기강을 바로 세우

는 일, 머뭇거리지 않고 과감히 결단한다는 의미의 '읍참

마속| 泣斬馬謖|', 사전에 준비를 철저히 한 뒤 앞으로 나아가

는 '절차탁마| 切磋琢磨|', 한번 일을 시작하면 끝장을 내려는

'무한추구| 無限追求|', 남보다 한발 빠른 것을 추구하는 '선즉

제인| 先卽制人|' 등이 CEO들이 선호하는 사자성어이다.

그렇다면 이러한 사자성어들의 공통점은 무엇일까. 모두

가 사업에 직접 쓰일 수 있는 지혜라는 점이다. 사업을 시

작하는 사람들에게 있어 '인연'을 맺는 것은 엄청난 일이다. 세상이 어떻게 변하든 사람과 사람 사이에서 이득이 나오고 성공이 전해진다. 좋은 인연은 좋은 길을 내어주고 나쁜 인연은 나를 헤매게 만든다. 그런 점에서 순망치한은 단순하게 인연을 많이 맺는 것뿐만 아니라 연 緣 을 맺을 사람을 신중히 생각하고 찾아야 한다는 조언으로도 해석된다.

'노자'에 약팽소선 若烹小鮮 이란 말이 있다. '작은 생선을 삶듯이, 자연스럽게 흘러가는 대로 두는 것이 중요하다.'는 뜻이다. 요리를 해본 사람은 알겠지만 작은 생선을 삶을 때 생선 모양에 흠이 생기지 않게 하는 것은 정말 어려운 일이다. 그런데 마음이 조급하여 요리하는 중에 계속 뚜껑을 열어 젓가락으로 속을 휘젓는다면 생선 모양 유지는 고사하고 맛도 엉망이 되기 마련이다. 즉, 음식이 익을 때까지는 그대로 두고 기다리는 마음이 중요하다.

변화의 머리를 찾아야 한다

21세기는 하루가 멀다고 수많은 변화들이 물밀 듯이 닥

쳐온다. 핸드폰이 스마트폰으로, 이제는 입고 다니는 웨어러블로 변한다. 차가 스스로 운전하는 기술이 곧 상용화되고 전기차는 이미 나왔다. 변화는 곳곳에서 동시다발적으로 일어나는데 중장년층으로 접어드는 40~50대는 조직에서 밀려나고 있다. 어떻게 하면 저 바깥 세상에 적응하며 살아갈 수 있을까.

이때 우리가 떠올릴 단어는 약팽소선(若烹小鮮)이다. 조급하지 말라는 것이다. 모두가 변한다고 해서 다 변하는 것은 아니다. 오히려 정중동을 지키며 시대를 지켜봐야 한다. 그러다 보면, 내가 설 자리를 발견하게 되는 것이다. 변화의 흐름을 직시하다 보면, 결국 뒤쫓아가기 마련이다. 변화의 머리를 찾아야 한다. 그러기 위해선 기다리고 지켜보는 시간도 분명 필요하다.

이렇듯 사자성어는 오랜 세월을 거쳐 온 단단하고 두툼한 동양의 지혜다. 그 안에는 선조들의 삶과 고뇌, 해법이 고스란히 담겨있다. 사자성어라고 하면 다소 고리타분하게 느껴질 수 있다. 하지만, 선조들의 지혜가 답을 제시해주고 깊은 속내를 깨우치게 해준다는 것을 명심해야 한다.

특히 사자성어에 담긴 뜻은 살아온 인생과 결부됐을 때 더욱 큰 울림을 준다.

삶은 끝날 때까지 끝난 것이 아니다. 마지막까지 우리는 살아야 할 의무가 있다. 그렇다고 그냥 살아선 안 된다. 그것은 경험이 없는 사람들과 다를 바가 없다. 나이가 있는 사람들의 삶은 분명 경험을 바탕으로 한 지혜가 있다. 젊음과는 다른 묵직함이 거기서 온다. 인생 이모작은 단순한 도전이 아니다. 이때까지의 경험을 총집합한 싸움에 임하는 것이다. 사자성어는 그 싸움을 위한 전술이자 병법이다. 지금까지의 삶이 병사로 출발해 달려온 것이었다면, 앞으로의 삶은 지휘관이 되어 싸워나가야 한다.

후발제인(後發制人)
나중에 출발해서 앞서가는 이를 이겨낸다

상대가 압도적으로 강할 때는 '선발제인'이 통하지 않는다.
그래서 후발제인이 있는 것이다.

중국의 지도자들이 취했던, 후발제인

어떤 일에 대해 미리 앞서서 대비하는 것을 두고 유비무환┃有備無患┃이라는 말을 쓴다. 하지만 세상 돌아가는 모습을 보면 모든 일이 그렇지만도 않다. '모난 돌이 정 맞는다.'는 속담이 있듯 때로는 나중에 시작한 사람에게 상황이 유리하게 돌아가는 경우가 있다. 후발제인┃後發制人┃은 언뜻 보면 운에 기대는 듯한 말이지만, 유래를 들여다보면 오히려 반대다. 성악설로 유명한 순자가 꺼낸 말로 '순자' 의병┃議兵┃ 편에 나온다.

'후지발 선지지 차용병지요술야(後之發 先之至 此用兵之要術也)'

뒤에 출발해 먼저 도달하는 것이야말로 중요한 술책이란 뜻이다. 다른 의미로는 '뒤에 손을 써서 상대방을 제압한다.'라는 뜻으로, 적을 상대할 때 한 걸음 양보하여 그 우열을 살핀 뒤에 약점을 공격함으로써 단번에 적을 제압하는 전략을 말한다. 이는 다시 적의 허점을 파악한 뒤 공략한다거나, 적의 기세가 올랐을 때는 잠시 물러났다가 흐트러진 틈을 타 제압하는 용병술로 해석된다. 나중이라는 것은 결국 가장 유리한 시점이 언제인가를 가리는 신중함이다.

중국 전한시대 유향이 전국시대 전략가들의 책략을 엮어낸 '전국책'에도 같은 맥락의 이야기가 나온다.

'천리마라도, 피로해진 뒤에는 평범한 말도 그보다 빨리 달릴 수 있고, 뛰어난 장수도 힘이 빠진 뒤에는 평범한 여자도 그를 이길 수 있다.'

이것은 상대방이 힘이 빠지기를 기다렸다가 제압하는 후발제인의 전략을 그대로 말해준다. 후발제인은 중국의 지도자들이 두루 취했던 자세이기도 하다. 마오쩌둥이 열세에도 불구하고 장제스를 이길 수 있었던 것은 상대의 자만심을 부풀게 하고 자신은 바닥에서부터 민심을 훑으며 기회를 기다리던 치밀한 계략에서 나온 것이었다.

덩샤오핑이 중국의 외교방침으로 내세운 도광양회 ˡ韜光養晦, 자신을 드러내지 않고 때를 기다리며 실력을 키움 ˡ도 그 의미를 들여다보면 후발제인의 현대적인 표현이었다. 나아가 협상의 기술로도 빛을 발한다. 상대가 자신의 관점을 충분히 얘기하고 난 뒤 논리가 빈약한 곳을 치고 들어가는 전술이다. 기세가 꺾인 상대는 협상의 주도권을 뺏길 수밖에 없다.

먼저 주도권을 쥐는, 선발제인

'후발제인'과 보완관계를 이루는 게 '선발제인 ˡ先發制人 ˡ'이다. 위기상황에서 먼저 움직여 주도권을 쥐는 것을 말한다. 당태종 이세민이 '현무문 ˡ玄武門 ˡ의 변 ˡ變 ˡ'을 일으켜 태자 이건성 세력을 일거에 쓸어낸 게 그 전형이다. 조선 초기 태종 이방원도 똑같은 수법으로 정도전 세력을 제압한 바 있다. 그러나 상대가 압도적으로 강할 때는 '선발제인'

이 통하지 않는다. 그래서 후발제인이 있는 것이다. 이 계책의 핵심 동력은 두 가지다.

첫째, 총사령관이 직접 전쟁터로 나가 북채를 쥐고 북을 울리며 장병들을 고취해야 한다.

둘째, 힘을 비축해 놓았다가 적이 빈틈을 보일 때 일거에 비축된 힘을 쏟아부어야 한다.

반드시 이 두 가지를 겸해야 목표를 달성하며 주효할 수 있다. 비즈니스를 함에 있어 세계 경제 침체와 내수시장 위축 같은 천시 | 天時 |와 지리 | 地利 |만 탓하면 앞으로 나아가지 못한다. 오히려 위기일수록 기발하고 담대한 계책을 짜내야 한다.

大象無形

대상무형

진정한 진리는 형체로 드러낼 수 없다.

성동격서(聲東擊西)
말로는 동쪽을 친다고 하면서 서쪽을 친다

상대가 주의를 다른 데 두게 만들고 방심하는 사이, 본진을 무너뜨리는 성동격서는 상대를 교묘하게 속여 공략함을 뜻한다.

중국에서 많이 활용되는 비즈니스 기법

성동격서(聲東擊西)는 당나라 두우의 '통전' 중 '병육'에서 나온 성어로 '성언격동 기실격서(聲言擊東 其實擊西)'가 원문이다. 중국 한나라의 유방과 초나라 항우의 일화에서 유래됐다. 위왕 표가 항우에게 항복하면서 협공을 당할 위기에 처한 유방은 한신에게 먼저 적을 공격하게 시킨다. 표는 백직을 보내 황하강의 동쪽인 포판에 진을 치고 한신의 군대가 강을 건너는 것을 막았다.

이때 한신은 병사들에게 낮에는 큰 소리로 훈련하게 하

고, 밤에도 불을 밝혀 상대편에게 공격의 의지를 보이도록 했다. 이런 중에 몰래 군대를 이끌고 하양으로 내려가 뗏목을 만들어 강을 건넌다. 황하를 넘은 한신의 군대는 빠르게 진군해 위왕 표가 있는 안읍을 공격해 점령하고 그를 사로잡았다. 상대가 주의를 다른 데 두게 만들고 방심하는 사이 본진을 무너뜨린 묘수였다.

성동격서는 사업 협상 기술로도 쓰인다. 협상 기간에 곁가지인 사안들을 물고 늘어져 상대로 하여금 주요 안건 준비에 신경 쓰지 못하게 한 뒤, 정작 협상 테이블에서는 목표한 것에 대해 많은 양보를 얻어내는 식이다. 중국의 기업 샤오미를 둘러보자. 보통 프리미엄 방식은 한계 비용이 제로에 가까운 인터넷 기업들이 많이 채택한다.

그런데 하드웨어 기업인 샤오미 역시 이와 유사한 방식의 수익 모델을 추구하고 있다. 무료는 아니고 원가 수준에 제품을 판매하는 것이긴 하지만. 이게 가능한 것은 샤오미가 자신의 정체성을 하드웨어 업체가 아니라, 아마존과 같은 모바일 전자상거래 기업으로 보기 때문이다. 즉, 샤오미는 스마트폰을 팔아서 수익을 내는 게 아니라, 스마

트폰 보급률을 높여 모바일 커머스를 하는 것이 목적이라
는 것이다.

그렇기 때문에 다른 업체들이 40% 정도의 영업이익을
반영해서 가격을 측정하는 반면, 이들은 5% 정도의 영업
이익을 책정해 판매한다. 여러 가지 제비용과 리스크를 감
안하면 거의 원가에 판매하는 셈이다. 이런 방식은 현대
비즈니스에서는 생각보다 흔하다. 예를 들어 레이저프린터
본체는 싸게 팔지만 토너를 비싸게 판다든가, 면도기를 싸
게 팔고 면도날로 수익을 내는 것 등이다.

이런 성동격서는 중국과 비즈니스를 할 때 주로 경험하
게 된다. 중국은 생각보다 더욱 철저한 실리를 추구한다.
이런 우스갯소리가 있다. 한국인, 중국인, 일본인 세 사람
이 냄새가 고약한 닭장 앞에서 누가 닭장 속에 들어가서
오래 있는지 내기를 했다. 닭장에 들어가서 불과 몇 분 안
되어 일본인이 코를 막고 뛰쳐나왔다. 뒤이어 한참 있다가
한국인이 초주검이 되어 기어 나왔다.

그런데 중국인은 몇 시간이 지나도 나오지 않다가 결국
달걀을 하나 손에 쥐고 나왔다. 이 중국인은 기왕에 들어

갔으니 달걀이라도 한 개 가져오는 것이 이익이 아니냐는 것이다. 한국인은 결국 냄새나는 곳에서 고생만 실컷 하고 실리도 못 얻고 나온 것이다. 일본인은 실리는 못 얻었어도 고생은 안 했다. 중국인을 실리를 얻었다.

이런 중국이 가장 많이 쓰는 비즈니스 기법이 바로 '성동격서'다. 상담과정 중 의식적으로 상담의 주제를 우리 측에게 중요치 않은 분야로 집중시킴으로써 상대방의 주의력을 분산시키는 것이다. 별것도 아닌 사소한 결례를 계속 문제 삼아 거기에 집중시키거나 정작 중요한 것은 슬쩍 뜻대로 체결하는 것이나, 술자리의 화합을 계속 강조해 놓고 그 자리에서 중요한 '딜'을 걸어온다거나 하는 것들이다.

미국에서 명성 얻은 후 일본으로 돌아가다

일본에서도 결은 다르지만 성동격서로 유명한 기업인이 있다. 바로 이나모리 가즈오다. 그는 마쓰시타 고노스케, 혼다 쇼이치로와 더불어 '일본에서 가장 존경받는 3대 기업가'로 꼽힌다. 그런 그가 젊었던 시절인 1962년, 일본 교토세라믹주식회사의 대표로 미국에 출장을 갔다. 특이한 것은 이 출장 목적은 미국 시장 개척이 아니라 일본 시장을 확보하기 위한 것이었다는 점이다.

3년 전인 1959년, 이나모리 가즈오는 친구와 함께 공동으로 교토세라믹주식회사를 세웠다. 그들은 열심히 일했고, 제품을 판매하기 위해 이리저리 뛰어다니며 전기 회사들에게 한번 시험적으로 써보라고 설득했다. 그러나 당시는 미국 제품이 일본 시장의 과반을 점하고 있었으며 큰 전기 회사들은 미국 제품만 신임했다.

이나모리 가즈오는 일본 시장은 철벽같이 뚫고 들어가기 어려우니 색다른 방법으로 도전해야겠다고 생각했다. 그 방법이 바로 미국 회사들이 교토세라믹주식회사의 제품을 사용하도록 함으로써 일본 전기 회사들의 주의를 끌고, 그 후에 일본 시장을 공략하면 훨씬 쉬울 거라는 것이었다. 그야말로 성동격서의 방법이었다.

미국 회사들은 일본 회사들과 달랐다. 그들은 과거 전통에 구애받지 않고 판매자가 누구든지 상관없이 제품의 품질이 좋고 그들의 시험을 통과하기만 하면 그만이었다. 그래서 이나모리 가즈오는 희망을 품었다. 그렇다고 해도, 미국에 제품을 파는 것은 쉬운 일이 아니었다. 그가 미국에 체류한 한 달여 동안, 판매 활동은 매번 문전박대를 받았다. 그러나 끝까지 포기하지 않았다.

노력은 결코 헛되지 않았다. 그가 미국 서부로부터 동부까지, 수십 군데 전기 전자 회사를 방문한 후에 드디어 텍사스주의 한 회사를 만나게 되었다. 그 회사는 아폴로 로켓을 위한 전기 저항기를 생산하기 위해 강력한 재료를 찾고 있었다. 마침내, 엄격한 시험을 거친 후에 교토세라믹 제품이 독일과 미국의 유수한 큰 회사들의 제품을 제치고 선택됐다.

당연히 이것은 하나의 전환점이 되었다. 교토세라믹 회사의 제품이 그 회사의 호평 속에 채택되자 미국 내 다른 회사들도 줄을 이어 그들을 찾아왔다. 이렇게 미국에서 명성을 얻은 후 이나모리 가즈오는 일본으로 돌아와 이름을 날리게 되었다.

적재적소에 사용되어야 가치 있다

한 가지 주의할 점은, 성동격서를 쓸 때는 상대가 나의 의도를 파악치 못하도록 해야 한다. 다시 말해 오랜 준비가 필요하다는 것이다. 역으로 미끼로 내어준 동쪽이 정말 미끼 같아야 한다. 상대에게 설득이 돼야 한다는 것이다. 다시 말해 성동격서의 바탕은 적절한 미끼와 내 작전에 대한 완전한 함구다. 눈치를 채지 못해야 성공할 수 있는 전략이란 뜻이다.

아울러 연속으로 두 번 써서도 안 된다. 그때부터는 '믿을 수 없는 사람'이거나 '편법에 의지하는 사람'으로 인식될 수 있기 때문이다. 모든 병법이나 전략이 마찬가지겠지만, 적재적소에 사용될 수 있어야 그 가치가 있다. 그런 점에서 성동격서는 적재적소에 사용되기만 한다면 그야말로 필살기로서의 가치를 십분 발휘할 수 있는 전략이다.

지피지기(知彼知己)
상대를 알고 나를 알면

사업을 펼칠 때, 인간관계를 얘기할 때 있어서도 능히 적절하다. 상대의 전력이나 속내를 알고 맞서면 유리하다.

적을 알고 나를 알면 위태롭지 않다

원전은 중국 춘추시대 손무의 손자병법 3장 모공 I 謀攻 I 편의 결구인 '知彼知己, 百戰不殆, 不知彼而知己, 一勝一負, 不知彼不知己, 每戰必殆 I 지피지기 백전불태 부지피이지기 일승일부 부지피부지기 매전필태 I' 중 '지피지기 백전불태'라는 구절에서 유래한다. 해석하면 '적을 알고 나를 알면 백번 싸워도 위태로움이 없으며, 적을 알지 못하고 나를 알면 한 번 이기고 한번 지며, 적을 모르고 나를 모르면 싸움마다 반드시 위태롭다.'는 뜻이다.

보면 알겠지만 손자병법에 나온 것은 백전백승이 아니라 불태^{不殆}다. '너를 알고 나를 안다고 무조건 이기는 건 아니고 적어도 위태롭지는 않을 것'이지만 '적도 모르고 자기 자신도 모른다면 백전백태가 맞다.'고 해석해야 한다. 물론 손자병법 원문 내에서 '백전백승'이라는 구절이 나오기는 한다. '지피지기 백전불태'와 같은 3장으로, 지피지기의 구절보다는 좀 더 앞부분이다.

그러나 '百戰百勝, 非善之善者也; 不戰而屈人之兵, 善之善者也^{백전백승 비선지선자야 불전이굴인지병 선지선자야}'로, '백 번 싸워서 백 번을 이긴다고^{백전백승} 하더라도 그것이 최고의 방법은 아니다. 최상의 방법은 싸우지 않고 이기는 일이다.'라는 뜻으로 우리가 알고 있는 것과는 차이가 있다. 우리에게 백전불태가 백전불패로 알려진 것은 난중일기의 영향이 크다.

충무공 이순신의 난중일기를 보면 1594년 갑오일기 말미에 이런 구절이 적혀 있다.

나를 알고 적을 알면 백 번 싸워도 다 이기고, 나를 알고 적을 모

르면 한 번 이기고 한 번 지며, 나를 모르고 적도 모르면 매번 싸울 때마다 반드시 패하게 되니 이는 만고의 변함없는 설이다(知己知彼 百戰百勝 知己不知彼 一勝一負 不知己不知彼 每戰必敗 此萬古不易 之論也).

위의 손자병법 원문과 이순신이 난중일기에 적은 구절을 비교해 보면 지피지기가 '지기지피'라고 되어 있고, 손자병법 원문의 '백전불태| 백 번을 싸워도 위태롭지 않다 |'나 '매전필태| 매번 싸워도 위태롭다 |'는 '백전백승| 백 번 싸워도 백 번을 이긴다 |'이나 '매전필패| 매번 싸워도 지게 된다 |'로 바뀌어 있다. 이는 충무공이 뜻을 좀 더 강조하기 위해 바꾸어 쓴 것으로 해석되고 있다. 어찌 됐든 여기서 유래되면서 '백전백승'이라는 말로 인식되고 있다.

하지만 이 책에서는 백전불태를 더욱 강조하고 싶다. 사실 나를 알고 적을 안다고 해서 꼭 이기라는 보장은 없다. 그러나 위태롭지 않은 것은 사실이다. 이런 '적을 알고 나를 알면 백번 싸워도 위태롭지 않다.'는 병법서의 가르침은 본래 전쟁터에서 승리하기 위한 용도였을 테지만 오늘날에는 다양한 상황 속에서 쓰인다.

공부를 할 때나 사업을 펼칠 때, 인간관계를 얘기할 때 있어서도 능히 적절하다. 상대의 전력이나 속내를 알고 맞서면 유리하다는 점에서 중국인들은 비즈니스에 있어 '첩전｜諜戰｜'이라는 말도 즐겨 쓴다. 지피지기는 '전술'일 터. 단지 나를 알고 적을 안다는 짤막한 설명은 어쩐지 허전하다. 사실 손무는 이에 대한 해설을 덧붙여 놨다.

첫째, 할 만한 싸움인지 아닌지 아는 자가 승리한다.

(知可以戰與不可以戰者勝)

둘째, 식견을 갖고 전력을 운용하는 자가 승리한다.

(識衆寡之用者勝)

셋째, 상하 간에 같은 욕망을 가진 자가 승리한다.

(上下同欲者勝)

넷째, 준비된 상태에서 미리 헤아리지 못한 적과 싸우면 승리한다.

(以虞待不虞者勝)

다섯째, 장군의 능력이 뛰어나 군주가 통제하려 하지 않으면 승리한다.

(將能而君不御者勝)

이것을 종합하는 필승의 전략이 바로 지피지기인 것이다. 다섯 가지 승리 비법에 주어와 목적어만 바꿔보면 어떻게 하면 싸움에서 이길 수 있는지 조금은 해법이 손에 잡히지 않을까. 여기에 한 가지 더 집중해야 할 부분이 있다. 적을 아는 것만큼이나 나에 대해서도 알아야 한다는 것이다. 적에게 총알 6개가 있다는 것을 알아도 내가 몇 개 가지고 있는지를 모르면 싸움이 되질 않는다. 나아가 나의 가치를 정확하게 파악하고 있지 못해도 싸움에서는 불리하다.

만약 사업을 했을 때 내가 판매할 수 있는 물건의 최대 추산량이 100개라고 가정하자. 협상을 할 때는 100개를 섣불리 불러서는 안 된다. 이것은 추산량일 뿐이다. 정확하게 어떤 상황에서 몇 개까지 생산이 가능한지를 모른다면, 아예 협상에 임해서는 안 된다. 처음 사업을 하는 사람들이 흔히 자신의 역량을 생각지 않고 싼 가격에 하청을 받아 오는 경우가 있다. 이 경우 일은 일대로 힘들고, 작업 속도는 느린 반면 이득은 없다. 오히려 명성만 더 떨어질 뿐이다.

잠재력은 일단 능력에서 제외

지피^{|知彼|} 만큼이나 지기^{|知己|}가 중요한 것이 바로 이 부분이다. 내가 할 수 있는 범위를 벗어난 순간 이미 싸움에서 지게 된다. 전략의 기본은 최소의 피해를 보고 최대의 피해를 주는 것이다. 비즈니스로 바꾼다면 나의 역량 범위 안에서 최대한 이득을 얻어내는 것으로 해석할 수 있다. 상대의 역량을 파악하기에 앞서 엄격하고 냉정하게 자신을 파악해야 한다. 그게 선행되지 않으면 비즈니스의 세계에 나서선 안 된다.

물론 처음에는 대부분 이 말을 신뢰한다. 그러나 작은 성공을 몇 번 경험하다 보면 금세 잊게 되고 그러다 큰 위기를 자초하는 경우가 많다. 그래서 유명 컨설팅 회사들이 컨설팅에 앞서 제일 먼저 하는 일이 해당 회사의 능력 파악이다. 잠재력은 능력에서 일단 제외한다. 현재 할 수 있는 한계치를 설정하고 나서야 컨설팅에 들어가는 것이다. 수천에서 수억에 이르는 컨설팅을 구태여 부를 필요 없다. 일단 나 자신을 파악하는 일이 끝나야 비로소 첩보전에 나설 수 있다는 것을 명심해야 한다.

화비삼가(貨比三家)
물건을 살 때는 세 곳 이상은 다녀보고 비교해 본다

물건을 판매할 경우 나의 물건이 다른 이들의 물건 세 개 중
하나라고 생각하고 팔아야 한다.

나의 물건도 화비삼가의 하나

'화비삼가ㅣ貨比三家ㅣ는 부흘휴ㅣ不吃虧ㅣ'가 원문이다. 물건을
살 때 최소 세 곳 이상의 상점을 다녀보고 비교해 봐야 손
해를 보지 않는다는 중국의 속담이다. 화비삼가는 중국인
들의 삶 곳곳에 스며들어 있다.

중국인들은 관광지에 가서도 작은 노트에 각 상품의 가
격과 기능을 메모하고, 판매원이 귀찮아 할 정도로 상품에
대해 세세히 묻는다. 이는 거꾸로 물건을 파는 상인들의
모습까지 바꿔놓았다. 중국식당에 가서 고량주를 시키면

손님이 보는 앞에서 술병 뚜껑을 따는 모습을 종종 볼 수 있는데, 이는 의심 많은 중국인의 습성이 반영된 결과다.

이런 현상은 화남| 華南 |지역이 더 강하고, 광조우| 廣州 |의 경우에는 이러한 구매특성을 반영하여 동일한 제품 판매점이 밀집한 전문 판매 거리가 어느 도시보다 잘 발달되어 있다. 중국은 넓은 평원이 발달되어 국가의 흥망성쇠 주기가 매우 짧다 보니 인간이 생각해낼 수 있는 온갖 책략이 기원전인 춘추전국시대 때부터 발달되어온 나라다. 이들은 눈으로 직접 확인하기 전에는 잘 믿지 않는 습성이 몸에 배어있다.

그래서 기업에 물건을 팔 때, 구매 담당자는 최소한 세 군데 이상의 견적서를 손에 들고 있다고 봐야 한다. 동일한 가격과 유사한 품질일 경우, 결국 담당자와 결정권자는 자신들과 좋은 관계를 유지한 쪽에 기회를 준다. 사실 기본적으로 중국인들은 교섭과 협상 능력이 뛰어나다. 비즈니스뿐만 아니라 일상생활에서도 상대방과의 교섭에서 이기는 것이, 살아남기 위한 자기방어수단이 되어 왔기 때문이다.

잔인한 역사 속에 살아왔던 것과 인치주의 人治主義 속성
이 매우 강력한 문화적 바탕과 사회구조 속에서 중국인들
은 오랜 세월 동안 치열하게 교섭하고 협상하며 살아왔다.
교섭과 협상이 일상화되었다고 보면 된다. 따라서 중국식
협상 방법을 이해하지 못하면 종종 낭패를 당할 수가 있
다. 중국인은 끼리끼리 잘 논다. 중국이나 대만에서는 외
식할 때 식당마다 가족 혹은 친구들과 함께 모여 식사하
거나 노는 모습을 자주 볼 수 있다. 단출하게 와서 먹는 경
우는 그리 많지 않았다.

이익을 함께 하는 사람끼리의 집단주의적인 성격이 농후
하다. 그러다 보니, 사업을 할 때도 혼자보다는 가족 혹은
친구와 함께한다. 힘을 모아야 살 수 있다는 중국인 특유
의 DNA가 꿈틀대기 때문이다. 또 조직에서는 항상 '나'보
다는 '우리'라고 표현하며, 결정을 뒤로 미룬다. 실제 그 결
정에 누가 책임을 져야 하는지 모호한 경우가 많다.

한국의 경우, 협상 재량권이 누구에게 있는지 비교적 명
확한 데 반해 중국은 그렇지 않다. 중국의 협상자는 상황
에 따라 바뀐다. 총경리 사장 나 동사장 회장 이라고 해도, 조

직이 의견일치를 볼 수 있도록 하는 매개체 역할을 수행할 뿐이다. 그러므로 그들이 아무리 고위직이라고 해도 같은 문제로 승낙 여부를 수없이 다시 묻는 형태를 보게 된다. 따라서 중국인과의 협상에는 인내심이 필요하고, 경우에 따라서는 그들의 전략을 역으로 활용하는 것도 좋다.

화비삼가의 본질은 불신

사실 화비삼가는 꼭 중국인들과 사업을 할 경우에만 알아야 하는 것은 아니다. 기본적으로 사업을 할 때는 신뢰가 필요하다. 그러나 누구나 처음부터 신뢰를 하는 것은 아니다. 나의 물건이 화비삼가의 하나가 될 수 있다는 마음에서부터 출발해야 한다.

견적을 뽑는 사람은 나의 것만 뽑지 않는다는 것이다. 내가 아무리 이런저런 이야기를 한다 해도, 상대는 다른 기업을 찾아가기 마련이다. 그러니 물건을 판매할 경우 나의 물건이 다른 이들의 물건 세 개 중 하나라고 생각하고 팔아야 한다. 남들보다 넘칠 필요는 없지만, 부족할 경우 신뢰에 심각한 타격을 입게 된다.

되돌리자면, 내가 무언가를 구입할 경우에도 꼭 발품을 팔아야 한다. 동일한 물건 세 개를 비교해보고 그중 가장 합리적인 선택을 해야 한다. 하다못해 가격과 성능이 같다면, 자주 갈 수 있는 곳에서 구입해야 한다. 사업에 있어서 사는 것, 파는 것은 신뢰다. 한번 살 때 딱 부러지게 사는 모습을 보이면 상대는 속이려고 하지 않는다. 반대로 팔 때 역시 상대가 화비삼가를 한다고 생각하면서 팔아라.

화비삼가의 본질은 불신이다. 뒤집어 보면 불신을 걷어낼 수만 있다면 성공을 향해 한 걸음 더 나아가게 된다. 아예 처음부터 물건을 팔 때 화비삼가를 상대에게 권해보는 전략도 나쁘지 않다. 결국은 모두가 신뢰를 얻기 위한 방법의 일환이기 때문이다.

居亦成功

공성불거

공을 이루되 그 자리에 머물지 않는다.

머물지 않음으로써 사라지지 않는다.

피로전술(疲勞戰術)
상대를 피로하게 만드는 전략

어떤 협상을 앞에 두고 있을 때는 다른 것보다 최우선으로
챙겨야 하는 게 바로 체력이다.

사람이 피곤하면 무기력해진다

전술이란 싸움에서 이기는 방법이다. 상대방을 피로하게
만드는 것도 싸움의 우위를 차지하기 위함이라면 하나의
전술이 될 수 있다. 손자병법 시계 편에는 '일이노지I 佚而勞
之I'라는 말이 나온다. 적이 쉬고 있으면 피로하게 만들라
는 뜻이다. 중국 춘추시대 오나라가 초나라를 칠 때 오자
서라는 사람이 내놓은 책략이다.

오자서는 초나라 사람인데 아버지와 형을 억울하게 죽
인 초평왕에게 복수를 하고자 평생을 바친 사람이다. 그

는 죽을 고비를 몇 번이나 넘기면서 오나라로 도망친 후, 오왕 합려를 보좌하여 오나라를 강국으로 키웠다. 오왕이 초나라를 공격하면서 오자서에게 계략을 물었을 때, 오자서가 다음과 같이 대답하였다.

"초나라는 정치하는 자들끼리 서로 사이가 좋지 않아 난국일 때 어려움을 책임질 사람이 없습니다. 이럴 때 우리가 만약 삼군을 거느리고 급히 쳐들어간다면, 일군만 도착해도 그들은 반드시 쫓아 나올 것입니다. 그들이 쫓아올 때 우리는 돌아오고, 그들이 돌아갈 때 우리가 출격한다면 초나라는 반드시 도중에 지칠 것입니다. 그들을 아주 고달프게 하고 여러 방면으로 그르치게 하여 완전히 지치게 한 뒤에 삼군을 데리고 다시 쳐들어간다면, 반드시 크게 이길 수 있을 것입니다."

이 계략은 들어맞았다. 오군은 초군이 나오면 오히려 달아났다. 초군이 본진으로 후퇴하려고 하면 다시 출격해 발길을 돌리게 했다. 이를 반복해 초군의 피로감이 극에 달했을 때 격파한 것이다. 적군이 안정되고 편안할 때는 공격할 기회를 얻기 힘들다. 이때 고의로 일을 일으켜 상대를 분주하게 만들어 피로하게 하면 빈틈이 생긴다. 지친 적을 공격해야 아군이 적군보다 체력적으로 우세한 위치를 차지할 수 있으므로 적을 이리저리 움직이게 해야 유리하다.

특히 개인이 아닌 조직 전체가 피로한 상태가 되면 일사불란하게 움직이는 것이 불가능하게 된다. 명령이 제대로 전달될 리 없고 통제하기도 어려워질 뿐만 아니라 병사들이 맡은 바를 처리하지도 못한다. 역으로 우리 진영이 이런 상태라면 말 그대로 당하기에 십상이다. 그렇기 때문에 평소 몸과 마음의 건강을 유지하는 것은 매우 중요하다.

사람이 피곤하면 무기력해진다. 승리에 대한 의욕도 사라지고, 주변의 움직임에도 반응이 느려진다. 피로가 극도에 다다르면 집중력이 저하됨은 물론, 머리가 멍해져 판단 능력에도 문제가 생길 수 있다. '고민도 튼튼해야 제대로 할 수 있다.'는 말이 그것을 반증한다. 피곤하면 어떤 문제의 해결책을 눈에 보이는 것에서 찾으려 한다. 깊게 고민하지 못하고 서둘러 결정하는 것이다. 이때의 결정은 대부분 실패할 수밖에 없다.

비즈니스에서 건강은 최대의 자산

이 같은 피로전술은 현시대의 비즈니스 협상에 나선 사람들이 줄곧 쓰는 속임수다. 상대 측에게 유흥거리를 한없이 제공해 피로하게 만든 다음 협상을 강행하는 식이다. 먼저 상대가 어떤 취미를 갖고 있는지 철저히 파악해 맞춤형 서비스를 제공한다. 그 분야에 적당한 인물을 데려와 상대가 시간 가는 줄 모르고 즐기도록 만든다. 다음날 협상 테이블에서는 전날의 즐거움을 상기시켜 우호적인 분위기를 이끈다.

정작 협상을 진행할 때는 상대가 정신을 차리지 못할 정도로 다양한 의제를 건넨다. 아직 전날의 여운과 피로가 가시지 않은 상대는 맨정신일 때보다 집중력이 흐트러지기 마련이다. 또 이미 받은 성대한 접대로 인해 자잘한 부분에는 강한 주장을 펼치지 못한 채 양보하고 만다. 과거에는 늘 쓰는 수법이었고, 현대에서도 이런 수법이 아주 완벽히 사라진 것은 아니다. 피로전술에 당했을 때 또 하나의 폐해는 니즈 파악이 불가능하다는 점이다.

비즈니스에서 건강은 최대의 자산이다. 사업을 막 시작

하는 사람들은 밤낮이 없다. 이는 중간 관리직 이상의 회사원들에게도 마찬가지다. 책임을 져야 하는 위치에 있다 보면 쉬어도 쉬는 것이 아니게 된다. 그러나 피로가 쌓이게 되면 아무리 노련한 사람이라 하더라도 함정에 빠지게 된다. 함정이란 한번 빠지면 쉽게 나올 수 없는 법이다.

그러니 명심해야 할 것은 어떤 협상을 앞에 두고 있을 때는 다른 것보다 최우선으로 챙겨야 하는 게 체력이다. 상대의 접대는 '협상이 끝나고 난 뒤 한다.'고 선을 그어야 한다. 반대로 내가 접대를 해야 한다면, 적절한 선에서 부하직원과 교체해 물러나야 한다. 아니라면 협상팀을 사전에 준비해놓고 접대에만 몰두해야 한다.

피로 전술은 상대의 심기를 흩트려 놓는 전술이다. 비즈니스에서야 정당하다고는 볼 수 없지만, 꼭 얻어야 할 협상 결과물이 있다면, 이 전술을 쓰는 것도 필요하다. 물론 소진되는 내 체력만큼이나 이를 보완해줄 대체 인력이 있어야 가능하다. 나도 지치고 상대도 지친다면, 그 협상의 배는 산으로 가게 마련이기 때문이다.

종용불박(從容不迫)
차분하여 당황하지 않는다

종용불박이 몸에 배면 자신도 모르게 대화를 가로막는 장애
물을 제거하고 상대의 동의를 이끌어내게 된다.

어떤 일에도 침착하게 대응

침착하게 대응해 덤비지 않는다는 뜻의 종용ㅣ從容ㅣ은 우리말 '조용'의 어원이다. 불박ㅣ不迫ㅣ은 허둥대지 않는다는 의미가 담겨있다. 이 둘이 붙어서 만들어진 종용불박ㅣ從容不迫ㅣ은 어떤 일에 당황하지 않고 침착하며 냉정하게 처리한다는 말이다.

도가의 대표적 인물 장자와 명가의 대표적 인물 혜자가 만나 나눈 대화에서 비롯됐다. 이들은 만나면 늘 세상사의 이치를 논하곤 했는데, 하루는 호숫가에 나갔다가 물고

기를 바라보며 이야기를 시작하게 된다.

장자가 물 위로 나와 노는 물고기의 모습이 유유자적하다|出游從容|며 이것이야말로 물고기의 즐거움이 아니겠냐고 말했다. 혜자는 장자가 물고기도 아닌데 그가 즐겁다는 것을 어찌 알 수 있느냐고 되물었다. 이에 장자는 다시 당신이 내가 아닌데, 내가 물고기의 즐거움을 알지 못한다는 것을 어찌 알 수 있느냐며 받아쳤다.

그러자 혜자는 다시 "내가 당신이 아니라서 당신의 내심을 알 수 없지요. 그러나 당신도 물고기가 아니기 때문에 물고기의 즐거움을 알 수 없지요."라고 답한다. 여기서 종용이라는 말이 나오게 된다. 풀도 센 바람을 겪어 봐야 그 질김을 알 수 있듯이, 사람도 극한 상황을 겪어봐야 그 사람의 풍모를 알 수 있다. 종용불박은 언제 어디서 어떤 일이 일어날지 모르는 오늘날의 시대 상황에 필요한 처세 덕목이라 할 수 있다.

실제로 이 고사 역시 중국에서 가장 혼란했던 전국시대에 만들어졌다는 것을 생각한다면, 고개가 절로 끄덕여질 것이다. 사업을 하다 보면 이런 장자와 혜자의 대화 같은 순간이 자주 생긴다. 예컨대 계속 같은 설명을 반복한다든가 갖가지 이유를 대며 협상을 연기해 상대의 기운을 빼는 식이다.

느긋함으로 상대를 조여가는 것이 종용불박의 전략 중 하나다. 상대가 어떤 공세를 가하거나 반대를 하더라도 동요하지 않는다. 계속된 대화 속에 상대가 지치면 그때 다급히 몰아붙여 협상 조건을 수락시킨다. 이런 경우는 협상 일정도 전략적으로 짜기 마련이다. 초반부는 느슨하고 후반에는 긴박하게 이뤄지도록 만든다. 성미가 급한 사람이라면 아주 손쉽게 넘어가는 전술이다.

처음은 느긋하게, 여유가 있어야

대화의 상대는 다양한 전략으로 나를 대할 것이다. 끌려가다 보면 '이것이 아닌데'라면서도 어느새 사인을 하게 되는 경우가 발생한다. 그러니 열심히 고민하고 또 고민했다면, 현장에서는 느긋해야 한다. 나의 조건만을 계속 생각하다 보면 상대의 말이 귀에 잘 들어오지 않는다.

'오늘 이야기 중 이것만은 꼭 통과시켜야 해.'라고 다짐

하는 순간부터 거기에 매이게 된다는 것이다. 설혹 그런 상황이 있다 하더라도 일단은 종용불박을 떠올리자. 처음은 느긋하고 여유가 있어야 한다. 어차피 협상은 성격이 급한 사람이 먼저 수를 던지는 법이다. 질질 끄는 인상은 주지 말되, 협상의 주도권이 양측 모두에게 있다는 인상을 주는 것이 중요하다. 일부러 모른 척하는 것도 좋은 방법이다.

사람들은 자신의 상품이나 서비스, 아이디어, 제안 등을 일방적으로 선전하면서 대화를 주도하고 싶은 마음을 억제하지 못하는 경우가 아주 많다. 그러나 그런 충동을 억제하지 못하면 남는 건 상호 불만족과 몰이해뿐이다.

따라서 충동을 다스리면서 자신을 문제 해결사로 생각하고 대화하며 상대의 근본적인 관심사, 이해관계, 기호, 필요 등을 파악하기 위해 노력해야 한다. 그러기 위해서는 우선 답을 알겠다는 생각이 들 때조차도 여유를 가지고 상대에게 질문을 던져야 한다. 그리고 상대의 말을 적극적으로 듣고 있음을 보여줘야 한다.

또 하나는 사람들이 말하는 것을 받아 적자. 상대가 횡

설수설할 경우에도 더욱더 그렇다. 이렇게 하면 당신이 그들의 말을 진지하게 받아들인다는 인상을 줄 수 있기 때문이다. 아울러 사람들이 자기 방식대로 말하도록 내버려두는 것도 종용불박의 전술 중 하나다. 상대가 설령 논점을 벗어나더라도 일단 느긋하게 지켜보는 것이 좋다. 사람들이 말하는 도중에 끼어들지 않는 것은 매우 중요한 전략이다.

사실 종용불박의 태도는 비즈니스뿐만 아니라, 삶에서도 매우 중요한 태도다. 계속 훈련을 통해 꼭 체득해야 하는 것 중 하나다. 종용불박이 몸에 배면 자신도 모르게 대화를 가로막는 장애물을 제거하고 상대의 동의를 이끌어내게 된다. 여유가 느껴지는 사람과의 대화는 안정감을 느낄 수 있게 하기 때문이다.

세월부대인

세월은 사람을 기다려주지 않는다.

최선을 다해 지금 이 순간을 산다.

때에 미쳐 마땅히 힘쓰라.

기세압인(氣勢壓人)
기세로 상대를 누른다

무엇보다도 상대의 외연에 짓눌리면 협상이나 비즈니스는
시작하면서 진 상황이다. 내가 원하는 것을 끌어 오기가 힘
들다.

외형을 부풀려 상대를 제압

압인지상| 壓人之相 |이라는 말이 있다. 첫인상에 상대방을
제압하는 풍채와 관상을 이르는 말이다. 키가 훤칠하고 체
격이 좋고 목소리도 굵직한데 눈빛까지 부리부리하다. 당
장 눈에 보이는 것들로 예단한 것일지 모르겠으나, 보통
그런 상대를 마주하게 되면 기가 눌리기 마련이다.

한때는 이처럼 외양만으로도 상대방을 압도할 수 있는
자를 지도자상으로 여겼다. 현대에도 마찬가지다. 미국의
대통령 트럼프를 보면 알 수 있다. 트럼프는 기세압인| 氣勢

壓人의 전술을 너무나 적절히 잘 쓰는 사람이다. 풍채뿐만 아니라, 협상을 이끌어가는 과정에서도 마찬가지다. 힘을 힘으로 누르고 강하게 나오면 더 강하게 받아친다. 물러나지 않을 것 같이 팽팽하다 슬쩍 물러나기도 한다.

그가 쓴 '협상의 기술'을 보면 더욱 이 말이 이해하기 쉽다. 그의 협상 전략이 곧 기세압인이기 때문이다. 트럼프는 고차원의 협상을 간접적, 암시적으로 이뤄지는 것이라고 규정했다. 즉 보디랭귀지인 비언어적 행동이 중요하다는 것이다. 무의식적이고 비자발적으로 협상자가 원하는 것을 내놓게 하는 수법이다.

실제로 그는 하드 포지션 협상가이다. 상대를 적대시하는 협상을 종종 한다. 그래서 관계를 담보로 양보를 요구한다. 우리와 계속 거래하려면 이번에는 양보하라 식이다. 이는 내면적으로 '내가 너보다 더 강하니 나하고 관계를 유지하는 것이 좋다.'는 기세압인이 자리하고 있다.

이는 단순히 기세에서 멈추지 않는다. 부당하게 덤비는 상대에게는 필히 거칠게 반격해야 한다. 트럼프는 한몫 챙기려는 청부 건설업자들을 상대해야만 했으니 생애에 걸쳐 늑대나 사자와도 같은 상대들과 협상을 해왔을 것이다. 상대가 도덕적이면 도덕적으로 협상하고 비도덕적이면 똑같이 거칠게 나가야 한다.

다른 방법으로는 협상할 때 항상 자신을 유리하게 해줄 지렛대를 가져가는 것도 기세압인의 전술 중 하나다. 트럼프는 뉴욕 코모도르호텔을 사고자 할 때 호텔 주인에게 곧 호텔 문을 닫을 것이라고 발표하게 했다. 폐업 계획이 발표되자마자 뉴욕 신문들이 1면으로 호텔에 대한 기사를 싣고 트럼프는 이를 뉴욕의 재앙이라며 떠들고 다녔다. 결국 뉴욕시는 파격적인 세금 감면과 호텔거래를 승인해줬다.

어디 이뿐이겠나. 중국과의 관세 전쟁을 보면 트럼프의 기세압인 전략을 명확히 알 수 있다. 트럼프는 중국과의 싸움에 앞서 일단 강력한 제안을 먼저 던졌다. 상대가 어떻게 나오는지 떠보기 위한 방식인데, 언론을 이용해 크게 소문내는 방식을 취했다. 처음에는 중국산 철강제품에 25%의 관세를 물리겠다고 했다. 그러자 중국은 30억 달러 규모의 보복관세를 물리겠다고 대응했다.

중국이 먼저 관세를 물리자 트럼프는 2차로 1,300개 품목 500억 달러 규모의 관세부과 조치를 검토하라고 했다. 그런 다음 의료, 우주항공, 반도체 등 첨단산업으로 범위를 넓혔다. 그러자 중국은 미국산 대두·자동차·항공기 등 106개 품목에 대한 관세를 물리겠다고 응대했다.

여기까지 보면 트럼프의 협상 방식이 잘 진행되고 있다고 보인다. 미국은 500억 달러의 관세 조치를 하겠다고 했는데 중국은 겨우 106개 품목뿐이다. 금액도 미국보다는 상당히 작다. 트럼프는 협상에서 승리를 위해 거대한 규모를 내세웠다. 그럼으로써 자신의 공격무기가 상대방보다 크다는 것을 대내외에 알렸다. 그야말로 가지고 있는 덩치를 더욱 부풀려 상대를 제압하는 수법을 쓰고 있는 것이다.

이 일화가 아니더라도 비즈니스 세계에서 기세압인은 여전히 먹히는 전술이다. 물론 사람을 앞세우는 건 아니다. 그보다 더 교묘하게, 실체가 잡히지 않는 분위기로 상대의 기를 누른다. 상대가 예상한 것보다 자신들이 대기업으로 보이게 만들어 저절로 굽히게 만든다는 전술이다. 그만큼 스케일이 크다는 것을 과시하는 식이다.

비즈니스 과정 곳곳, 과시적 수법

당장 상대방의 거처를 마련해 줄 때 초호화 호텔을 제공하겠다고 건넨다. 상대는 십중팔구는 부담을 느껴 제안을 물리치고 더욱 낮은 급의 호텔을 선택하게 된다. 결과적으로 볼 때 경제성도 챙기고 상대의 기도 꺾는 효과를 누릴 수 있다. 협상 중간마다 끼어있는 관광, 오락, 휴식시간에도 상대가 예측하지 못했을 고급스러운 공연이나 음식을 대접해 입이 벌어지게 만든다.

실제 협상을 하게 될 장소도 인원과 관계없이 규모가 큰 회의실을 구한다. 지역 정치인이나 친분이 있는 고관 등 지위가 높은 이들과의 영접 기회를 마련하면 금상첨화다. 상대는 이 정도로 대단한 기업과 거래를 한다는 생각에 긴장할 수밖에 없다. 그 기업의 실제 위치가 어떻든 말이다. 그러나 기세압인은 어딘가 부족한 부분을 감추기 위한 전략이다. 내 약점이나 두려움을 감추기 위한 과시적 수법이라는 것이다.

무엇보다도 상대의 외연에 짓눌리면 협상이나 비즈니스는 시작하면서 진 상황이다. 내가 원하는 것을 끌어 오기가 힘들다. 뒤집어 내가 기세압인 전술을 쓴다면 감춰야 할 부분은 철저하게 감춰야 한다. 그리고 정확히 상대에게 기세압인을 쓰는 이유가 있어야 한다. 계속 내 덩치를 부풀리면서 살 수는 없다. 그러다 속이 비어있다는 것이 알려지면 후폭풍은 너무 커진다.

그러니 상대가 기세로 밀어붙이거든, '저들이 나에게 숨기고자 하는 것이 무엇인가'를 먼저 생각하라. 혹은 '나에게 무엇을 얻으려 하는가?'를 고민하라. 그 답만 찾아도 상대의 외연에 기가 죽을 일은 없다. 뒤집어 내가 기세압인을 사용하려거든, 절대로 약점을 들켜서는 안 된다. 그래야 이 전술이 제대로 먹힌다.

무소유

무소유란 아무것을 갖지 않는다는 것이 아니라

불필요한 것을 갖지 않는다는 의미.

격장법(激將法)
적장을 자극해 화나게 하는 전술

격장법은 분노나 공포를 스스로 불러일으켜 자멸하게 하는
수법이다. 이것에 속지 않는 것은 자제력뿐이다.

작은 일을 참지 못하면 큰일을 도모할 수 없다

격장법 |激將法|의 한 사례는 '삼국지'에 나온다. 228년 제
갈량이 8만 대군을 이끌고 4차 북벌에 나섰을 때다. 그는
휘하에 있는 마속과 왕평에게 요충지에 병력을 배치하라
명령했지만, 마속은 이를 어기고 다른 지역을 향했다. 결
국 전략적 요충지를 잃은 제갈량은 사마의의 15만 대군을
홀로 맞서야 했다.

고립된 제갈량은 묘수를 떠올렸다. 성문을 열어젖히고
노약자들을 태연히 돌아다니게 했다. 성곽 위에서는 부채

를 들고 거문고를 연주했다. 이를 본 사마의는 성안 쪽에 병력이 매복 중인 것으로 생각하고 진군을 멈췄다. 자신들을 성문 안으로 유인하려는 제갈량의 속임수라 생각한 것이다. 이에 사마의는 퇴각하고, 제갈량은 거문고 하나로 15만 대군을 물리친 격이 됐다. 후에 사마의는 제갈량이 상대의 심리를 이용해 전술을 펼친 것을 알고 이를 격장법이라 했다. 그러나 제갈량의 격장법은 이것이 처음이 아니다. 그는 진작부터 상대를 자극하는 방법을 적절하게 사용해 왔다.

유비가 공명을 삼고초려(三顧草廬)로 끌어들인 후 형주를 차지하기 전에 동오의 손권이 조조와 전쟁을 망설이고 있을 때다. 제갈량은 전쟁을 주장하는 주유를 격분시켜 전장으로 끌어들이고자 계략을 꾸민다. 얼마 뒤 두 사람이 만났다. 먼저 주유가 제갈량에게 심중을 드러내지 않고 자신의 의도와는 다르게 "투항해야지, 승산도 없는 전쟁을 왜 합니까?"라고 이야기한다.

그러자 제갈량은 주유의 말에 동의하고 거짓으로 투항하려는 입장을 보이며 "제게 묘책이 하나 있습니다. 직접

강을 건널 필요도 없고 큰 뇌물도 필요 없습니다. 다만 두 사람을 조조에게 보내면 됩니다."라고 답한다. 그때 주유가 물었다. "누굴 보낸단 말이오?"

그러자 제갈량이 말하길 "조조가 장하에 동작대라는 화려한 망루를 지어 절세의 미녀를 골라 그곳에 둘 것이라고 합니다. 그는 일찍이 강동 교공 두 딸 대교와 소교의 용모가 빼어나고 자태가 아리땁다는 말을 듣고는, '첫째 소원은 천하를 평정해 제업을 이루는 것이고, 둘째는 이교ㅣ대교와 소교ㅣ를 얻어 동작대에 두고 만년을 즐기는 것이다.'라는 이야기를 했습니다. 백만 대군을 이끌고 강동을 노리는 것도 바로 그 두 여인을 차지하기 위해서입니다. 그러니 교공을 찾아가 그의 두 딸을 조조에게 바치면 됩니다. 두 여인을 얻으면 조조는 분명히 철군할 것입니다."라고 했다.

주유가 "조조가 두 여인을 얻고자 한다는 증거라도 있소?"하고 다시 묻자 제갈량은 "조조는 아들 조식에게 동작대를 짓게 하였습니다. 그중에 '동남에 이교를 두고 조석으로 함께 하리.'라는 대목이 있습니다. 이는 강동의 이교를 얻고자 한다는 뜻입니다."라고 말했다. 주유는 이 말을 듣고 노발대발하며 자리를 박차고 일어나 북방을 가리키며 욕을 퍼부었다.

"이놈이 사람을 깔봐도 유분수지! 나는 도저히 조조와 같은 하늘 아래서 살 수가 없소. 조조를 무찌르도록 선생이 도와주시오"

이렇게 두 사람은 조조를 무찌를 계획을 세우게 되었고 결국 적벽에서 조조를 물리치게 된다. 여기서 주유가 화를 내게 된 것은 교공의 딸 이교 즉, 대교는 손책의 아내이고 소교는 바로 주유의 아내였기 때문이었다. 이렇게 하여 유비는 동오의 힘을 빌려 형주를 얻고 그것을 되찾고자 하는 과정에서 주유를 다시 격분케 하여 죽게 만든다. 실로 격장법의 교과서 같은 이야기다.

상대를 자극하여 원하는 바를 얻다

제갈량이 보여준 전략은 오늘날 협상 테이블에서도 간간이 보인다. 상대를 자극해서 원하는 바를 얻는 형태다. 상대 측의 자존심과 명예, 지위, 기업 이미지 등을 깎아내려 위축시킨 뒤 협상에서 더 큰 이익을 가져간다.

상대에게 위협을 가하는 격장법은 의도만 파악되면 벗어나기 쉽다. 오히려 신중한 모습을 보여 상대의 허점을 노리면 된다. 때에 따라서는 마찬가지로 격장법으로 대응하면 된다. 애당초 제대로 된 실력이 없는 기업과 협상을 하려는 자는 없다. 실상 제갈량에게는 석 자 거문고밖에 없었던 것처럼, 격장법을 구사한 측은 의외로 도박을 걸고 있을 가능성이 높다.

격장법은 분노나 공포를 스스로 불러일으켜 자멸하게 하는 수법이다. 이것에 속지 않는 것은 자제력뿐이다. 전쟁을 하면 한쪽은 방어를, 나머지 한쪽은 공격을 하기 마련이다. 지키는 쪽이 교목을 높이 올리고 성문을 굳게 닫아걸면 공격을 하는 쪽도 별도리가 없다. 그러면 공격하는 쪽은 성 아래에서 갖은 욕을 하며 적이 화를 못 이겨 성 밖으로 나오도록 도발한다.

이때 수비하는 쪽이 화를 참지 못하고 성문을 여는 순간 공격하는 쪽은 성으로 들어가 승리를 거머쥐게 되는 법이다. 상대방의 화를 돋우어 잘못된 판단을 하도록 이끄는 전략이 격장법이라면, 반대로 성을 지키는 쪽이 대단한 인내심을 가지고 있으면 된다. 이 부분에 대해서는 중국의 한 고사를 소개하겠다.

당나라의 재상 누사덕의 아우가 대주도독부로 가게 되었다. 동생이 길을 떠나기에 앞서 누사덕이 근심 가득한 얼굴로 물었다.

"나는 아무런 재주가 없는데 재상이 되었다. 게다가 너까지 높은 관직을 얻게 되었으니 뭇사람들의 시기를 받을까 두렵구나. 만약 그런 상황이 된다면 어찌하겠느냐?"

아우가 대답했다.

"만약 누군가가 제 얼굴에 침을 뱉는다면 아무 말 없이 얼굴을 닦겠습니다."

그러자 누사덕은 더욱 걱정스러운 얼굴로 입을 열었다.

"내가 걱정하는 바가 그것이다. 누군가가 네게 침을 뱉는 것은 바로 화를 참지 못해서이다. 그런데 그것을 닦아버리면 화를 풀 기회를 없애버리는 게 아니고 무엇이겠냐. 침은 닦지 않아도 저절로 마르는 법이니 그저 웃으며 받아들이도록 해라."

인내심에 관한 고사로 두고두고 생각할 가치가 있다고

여겨진다.

청나라 사람 '부산'은 "분노가 끓어오를 때 그것을 멈추는 것 그것은 용맹한 자가 아니면 절대 할 수 없는 일이다."라는 말을 했다. 공자 역시 "작은 일을 참지 못하면 큰일을 도모할 수 없다. 만약 상대방과 똑같이 화내고자 한다면 그 후에 어떤 결과가 생길지 반드시 생각해야 한다."라고 말했다.

후석심연

반석은 움직이지 않고

깊은 못은 맑고 고요하니라.

네 번째 장

의금상경

| 衣錦尙絧 |

으스대지 않고
겸손하게 행동한다

의금상경(衣錦尙絅)
으스대지 않고 겸손하게 행동한다

지금은 보이지 않는 조그만 조짐 속에서 일이 어떻게 변해
갈지 예측할 수 있는 것은 그 조직의 흥망이 결코 하루아침
에 시작되는 것이 아님을 알고 있기 때문이다.

은은함은 더 드러난다

'의금상경ㅣ衣錦尙絅ㅣ'은 중용 33장에 나오는 구절이다. 시에
나오는 표현으로 '비단옷을 입고 그 위에 홑옷ㅣ삼베옷ㅣ을 겹
쳐 입는다.'는 뜻이다. 원래 '시경ㅣ詩經ㅣ'에 나오는 구절로 옛
날 사람들이 즐겨 부르던 노래 가사였다.

'중용'에서는 '군자의 인생은 은은하게 날마다 빛이 나
지만 소인의 인생은 확연히 빛나다가 점점 그 빛이 사라
진다. 군자의 인생은 언제나 싫증이 나지 않고, 단순한 것
같으면서 빛이 나고, 온화하면서 조리가 있다. 멀리 가려

면 가까운 곳부터 시작해야 한다는 것을 알고, 바람이 불어오면 어디서 불어오는지 알고, 지금은 보이지 않는 것이 나중에 어떻게 변하여 드러날지 정확히 알고 있다.'라고 풀이하고 있다.

성공을 지나치게 뽐내거나 자랑하지 말라는 의미이다. 내가 가진 것을 과시하는 행동은 다른 사람들의 시기, 질투를 사기 쉽고 오히려 내가 가진 빛을 쉽게 바래게 한다. 자신의 빛을 지나치게 드러내지 않고 겸손한 태도를 가질 때, 그 빛은 더욱 오래도록 빛날 수 있을 것이란 뜻을 포함하고 있기도 하다.

또한 왜 비단옷에 홑옷을 덧입느냐 하면, 화려한 문채가 겉으로 드러나는 것을 가려주기 위해서다. 화려함은 잠시 눈을 끌 수 있어도 오래 가지 못한다. 군자의 도는 은은해도 날로 빛나고 소인의 도는 선명하나 나날이 시들해진다. 가려줘야 싫증이 나지 않고 덮어줄 때 은은함은 더 드러나기 마련이다.

좋은 대학을 나오고 화려한 정치이력을 자랑하던 정치인이 오점을 남기며 하루아침에 몰락하는 것이나, 재계를 주름잡던 성공한 경제인의 잘못된 판단과 결정 때문에 기업이 위기에 몰리는 것은 성공과 실패가 영원하지 않음을 잘 보여주는 실례다. 인간사도 엇비슷하지 않은가. 화끈한 사랑이 계속 지속하기는 생각보다 어렵다.

또 하루아침에 벼락부자가 되면 그것을 유지하는 기간도 짧아진다. 눈에 띄지는 않지만 점점 자라는 봄 동산의 풀처럼 은은하게 빛을 발하는 행동들이 오랜 성공을 지속하게 한다.

성공에 집착하지 않아야 성공을 유지

지금은 보이지 않는 조그만 조짐 속에서 일이 어떻게 변해 갈지 예측할 수 있는 것은 그 조직의 흥망이 결코 하루아침에 시작되는 것이 아님을 알고 있기 때문이다. 성공에 집착하지 않고 살아야 성공을 유지할 수 있다는 말이다. 자리는 내려오면 남는 것이 없다. 은퇴한 선배들의 이야기를 들어보면 더욱 명확하다. 있을 때는 내가 최고인 듯하지만, 결국은 잠시 빌린 것일 뿐이다. 오히려 그렇게 스스로 드러내는 만큼 나중에 곁에 남는 사람도 없어진다.

사람이 없는 인생은 참으로 공허하다. 내가 가진 돈으로 한 끼를 먹더라도 남과 같이 먹어야 자리가 빛나는 법이다. 돈으로 사람을 살 수 있는 것도 내가 현직에 있을 때나 가능하다. 심지어 현직에서도 나이가 들면 들수록 마음으로 잡지 못한 사람들은 사라져만 간다. 하물며 겸손하지 못한 사람 곁에 누가 남아 있을까.

21세기는 SNS 시대라고 한다. 나이 든 사람들도 심심치 않게 페이스북이나 트위터 등으로 자신을 드러낸다. 그런데 이런 SNS는 사람들의 감추고 싶은 비밀이나 온갖 어두운 면을 끄집어내 그 심각성은 생각하지 않고 공유하기에 바쁘다. 심지어 댓글로 서로 싸우며 그걸 즐기는 이들도 있다.

본디 사람들은 관심받고 싶어 한다. 이해한다. 그래서인지 SNS 속 사람들은 모두가 행복해 보이고 잘 사는 듯 보인다. 고가의 제품이나 외제 차가 보이도록 사진을 찍고, 남들과 그다지 다르지 않은 일상들을 그럴 듯하게 연출하려는 '허세 샷'도 흔하다. 자신의 가치나 정체성을 타인의 판단에 의존하게 되는 것이다.

'나 엄청 행복해보이지? 화려하게 잘 살지?'라고 말하는 SNS. 그런데 과연 이것이 현실의 나에게 무엇을 줄 수 있는가. 사실 인터넷상에서 본인의 몸매를 어필하는 것과 그와 관련된 다이어트, 미용, 운동기구 업체를 홍보하는 것이 아주 자연스러운 문화로 자리 잡았다. 그런데 만약 그 몸매가 거짓 몸매이며 그걸로 인해 얻게 된 인기를 수익으로 상치하려는 것은 사기라고 할 수 있다.

옛사람의 격언으로 다시 한번 돌아가 보자. 가지고 있는 비단 같은 재주도 삼베옷으로 가리라 함은 겸손의 이야기뿐만 아니다. 그것은 삶을 살아가는 지혜다. 감춘다고 비단이 사라지는 것은 아니다. 오히려 슬쩍슬쩍 드러나는 비단으로 인해 그 사람의 가치가 더욱 높아지게 되는 법이다. 내면을 단단히 하되 드러내지 않도록 하자. 그래도 때가 되면 드러나기 마련이다. 그때 당신을 바라보는 사람들의 시선에는 존경이 담기게 될 것이다.

조이불망(釣而不網)
낚시질은 해도 그물질은 하지 않는다

탐욕으로 가득 찬 마음에서는 냄새가 난다. 악취다.
그것은 어떤 방식으로든 외부로 흘러나오게 마련이다.

꼭 필요한 것만 최소한으로 취한다

'낚시질은 해도 그물질은 하지 않으며, 잠든 새에게는 화살을 쏘지 않는다.'는 뜻의 조이불망은 논어ㅣ論語ㅣ의 술이편ㅣ述而篇ㅣ에서 사생활을 통한 공자의 성품을 표현한 글이다. 주자ㅣ朱子ㅣ도 주ㅣ註ㅣ를 통해 다음과 같이 부연하였다.

'공자께서는 젊었을 때 집이 빈천하였다. 봉양과 제사를 위하여 부득이 낚시와 주살로 사냥을 하셨는데, 물건을 다 취하는 것은 불의한 것이니 하지 않으셨다. 여기서 어진 사람의 본심을 볼 것이다. 물건을 대함이 이와 같으니 사람을 대하는 바를 알 수 있으며, 작은 것을 이같이 하니 큰 것을 알 수 있다.'라고 하였다.

공자가 낚시를 하지 않아도 생활과 봉양을 할 수 있었다면, 불의한 일을 하더라도 그것을 최소한으로만 하고자 하는 마음가짐으로 임했다고 해석할 수 있겠다. 굳이 인|仁|이나 의|義|라고 할 것도 없이 꼭 필요한 것만 최소한으로 취하는 것을 습관처럼 유지하는 것이 공자의 삶이었던 것이다.

낚시로 성에 안 차서 그물까지 던지면 물고기는 원 없이 잡겠지만, 결국 물고기 씨가 말라 낚시도 못 하게 되기 마련이다. '활을 쏘아 사냥을 하지만 잠자는 새는 쏘지 않는다.'는 뜻의 익불사숙|弋不射宿|과 한 문장을 이룬다.

훗날 당태종 이세민을 보필하며 '정관의 치'로 불리는 전성기를 이끌었던 명신 위징|魏徵·580~643|은 조이불망의 의미를 살려 충언을 남겼다. 그는 18세 미만의 청소년까지 병사로 징집하려는 태종에게 이렇게 간했다.

"연못의 물을 말리면 물고기를 모두 잡을 수 있지만 이듬해 잡을 물고기가 없을 것이며, 숲을 태워버리면 짐승을 모두 잡을 수 있겠지만 이듬해에는 사냥할 짐승이 없습니다. 어린아이들까지 군대에 보내면 장차 세금과 부역은 누가 맡을 것입니까."

공자나 위징의 말은 어떤 경우에도 지나침을 경계하라는 가르침이리라. 따지고 보면 필요한 것 이상으로 가지고 있음에도 더 가지려고 하고, 다른 이에게 돌아갈 것까지 무리하며 빼앗아 쌓아 두려 하는 것은 어제오늘 이야기가 아니다. 세상이 각박해지니 갈수록 더욱 더 그러할 것이다. 그러나 결국 이는 자신뿐만 아니라 사회에 독 ㅣ毒ㅣ을 쌓아두는 것과 마찬가지다.

1671년 조선에 큰 흉년이 들었다. 경주 최부자 최국선은 집 바깥마당에 큰 솥을 내걸고 매일같이 죽을 끓였다. 흉년이 들어 수천, 수만이 죽어 나가는 참화 속에서도 경주 최부자를 찾아가면 살길이 있었다. 그해 이후 최부자 집에는 가훈 한 가지가 더해졌다.

'사방 백 리 안에 굶어 죽는 사람이 없게 하라.'

하나의 일화가 있다. 최국선은 아들에게 서궤 서랍에 있는 담보 문서를 모두 가지고 오게 했다.

"돈을 갚을 사람이면 이러한 담보가 없더라도 갚을 것이요, 못 갚을 사람이면 이러한 담보가 있어도 여전히 못 갚을 것이다. 이런 담보로 얼마나 많은 사람들이 고통을 당하겠느냐. 땅이나 집문서는 주인에게 돌려주고 나머지는 모두 불태워라."

후일 탐관오리와 부자들은 성난 동학농민군의 타도 대상이었지만 영남 제일의 최부잣집은 안전했다. 6·25전쟁 후에 빨치산들이 전국적으로 부자들을 습격할 때도 경주 최부잣집은 피해를 보지 않았다. 최부자의 배려와 넉넉한 마음 씀씀이가 멸문지화를 막게 해준 것이다.

물러서는 것은 곧 나아갈 바탕

채근담 l 菜根譚 l에 이런 구절이 있다.

'세상살이에는 한 발자국 양보하는 것을 높다고 하나니 l 處世 讓一步爲高 l, 물러서는 것은 곧 나아갈 바탕이 된다 l 退步 卽 進步的張本 l. 사람을 대하는 일에는 너그러움이 복이 되나니 l 待人 寬一分是福 l, 남을 이롭게 하는 것이 자신을 이롭게 하는 바탕이 된다 l 利人 實利己的根基 l.'

속을 다 채운 도자기는 사실 필요가 없다. 속이 비어 있기 때문에 세상에 유익하게 쓰일 수 있다. 쓰고 다시 비워야 채울 수 있다. 즉 도자기의 이로움은 채움에 있는 것이 아니라 비움에 있다. 마음도 마찬가지다. 탐욕으로 가득 찬 마음에서는 냄새가 난다. 악취다. 그것은 어떤 방식으로든 외부로 흘러나오기 마련이다. 되려 이런 사람들은 작은 것을 가득 채우고 헉헉댄다.

크게 비우는 사람만이 크게 채울 수 있다. 돈 많고 지위 높은 사람들도 불안감과 우울증으로 힘들어한다. 낭만과 여유가 사라지니 모두가 살기 힘든 세상이 되었다. 아니, 굳이 그렇게 살아가는 이유가 뭔가? 죽을 때 다 싸 짊어지고 가는 것도 아니요, 가지고 있다고 존경을 받는 것도 아닌데. 빈천하지 않을 정도면, 비워도 결국은 다시 채워지기 마련이다. 무엇으로 남은 인생을 채워 갈 것인가.

일체유심조

모든 것은

마음이 만들어낸다.

일체만법이

오직 한 마음에 있다.

완물상지(玩物喪志)
물건에 집착하면 뜻을 잃는다

낮아진 자존감을 회복하기 위해서 소비를 하면 잠시는 회복
이 될 수도 있지만 자존감은 다시 낮아진다. 근본적인 해결
책이 아니기 때문이다.

진정으로 나를 채울 수 있는 것은?

서경 |書經| 여오 |旅獒|에 나오는 말이다. 은 |殷|나라의 마지
막 왕 주 |紂|는 잔인한 성격의 군주로 권력을 가지고 민간
의 재화나 진기 |珍器|를 거두어들여 대궁전을 세우고 밤낮
으로 유흥에 탐닉하고 있었다.

주 |周|나라의 서백 |西伯:서방 여러 민족의 우두머리| 창 |昌|은 겉으로
는 주왕에게 복종하는 척했으나 내심으로는 은나라를 쓰
러뜨릴 것을 생각하고 착착 실력을 쌓아나갔다. 창이 죽고
발 |發:후에 주나라의 무왕|이 뒤를 이었다.

기원전 1051년, 그는 은나라 타도를 위해 군사를 일으켜 황하를 건너 은나라의 수도로 진격했다. 이 보고를 받은 주는 서둘러 죄인을 석방하고 70만 대군을 편성해 주나라의 군사를 목야에서 맞아 치기로 했다. 그러나 계속 학대를 받아 온 죄수나 노예에게 주왕에 대한 충성심이 있을 턱이 없었다. 은나라 군사는 순식간에 와르르 무너져 버리고 주왕은 궁전에 불을 지르고 죽었다.

주나라를 세운 무왕은 건국 공신과 제후를 각지에 봉함과 동시에 먼 나라에도 사자를 보내어 자기의 문덕과 무공을 전하고 신하로서 복종할 것을 촉구했다. 하루는 서방 저 먼 곳에 있는 여|旅|나라의 사자가 와서 큰 개 한 마리를 헌상했다. 무왕은 기꺼이 이 진귀한 헌상품을 수령하고 사자에게 많은 상을 내렸다. 그걸 본 태보|太保| 소공|召公|이 글을 올려 무왕에게 간언했다.

'사람을 가지고 놀면 덕을 상하고 사물을 가지고 놀면 뜻을 잃습니다|玩人喪德 玩物喪志|.'

그것을 읽은 무왕은 은나라가 멸망한 것을 교훈 삼아 그 개는 물론 헌상품을 하나도 남김없이 제후의 공신들에게 나누어주고 정치에 전념했다. 완물상지는 가슴에 품은 큰 뜻이 있다면 주변의 소소한 일에 묶여 지체함 없이, 처음에 정했던 그 목표를 향해 성실히 나아가야 함을 깨우쳐주는 말로 자주 사용된다.

21세기에 물건에 집착하는 사람들, 혹은 특정 현상에 집착하는 사람들을 가리켜 일본말로 '오타쿠'라고 한다. 무엇인가에 빠져서 모든 것을 팽개치는 사람을 비하하는 말로, 한국에서는 '덕후'라고 부르기도 한다. 조선 시대에도 이런 사람들은 있었다.

조선 시대 정조| 1752~1800 | 시기에 더욱 두드러졌는데 당시 마니아를 뜻하는 대표적인 말로 '완물상지| 玩物喪志 |'라는 표현을 썼다. 특정한 물건을 너무 좋아해서 정상적인 생활을 못 한다는 뜻이다. 골동품이나 문방구, 그림, 도자기, 화병, 꽃, 소설 읽기 같은 것에 빠져서 과거 공부, 가사, 심지어는 부인과 자식에 대한 의무까지 포기하고 가산을 탕진하는 사람을 이리 칭했다고 한다.

또 다른 말로 '벽치| 癖癡 |'라는 표현도 있었다. 당시 사람들은 '한 가지에 편협하게 빠진 바보들'을 비꼴 때 이 단어

를 썼다. 이들은 벼루, 종이, 붓, 먹 등의 문방구류에 대한 집착은 물론이고 속담, 방언, 담배, 돌, 칼, 곤충, 채소, 조류, 벌레 등 다양한 분야에 집착했다.

정조는 이런 이들을 극도로 무시했다. 아니, 사회적으로 매우 위험한 현상이라고 생각했다. 특히 중국 소설에 푹 빠져 그 문체를 쓰는 완물상지들에 대해 매우 비판적이었다. 그래서 단지 중국 소설을 읽는다는 이유로 김조순과 이상황에게 벌을 내렸고 해당 소설을 몽땅 불태웠다. 과거 시험답안에 소설 문체를 인용한 사람들도 처벌했다. 특히 이옥은 잘못된 문체를 쓰는 '문제의 인물'로 공식 낙인이 찍혀 벼슬길에 나아가지 못했을 정도다. '열하일기'를 쓴 연암 박지원조차 정조에게 '문체를 타락시킨 주범'으로 밉보여 반성문을 써야 했다.

물론 벽치의 긍정적인 측면도 있다. 식견이 좁고 상식이 부족하다지만 원래 전문가란 상식이 넓은 사람이 아니라 좁고 깊은 사람인 경우가 많다. 21세기 현대에 덕후가 그 가치를 인정받는 이유도 바로 이런 전문성 때문이다. 하지만 무엇이든지 과하면 모자람만 못한 법이다.

소비로 인한 자존감 회복은 '잠깐뿐'

심리학자들은 인간이 의미 없는 소비를 할 때는 불안하고 우울하고 화났을 때라고 분석한다. 기분이 안 좋아서 나를 부풀리고, 겉보기에 좋게 만들어야 하며, 낮아진 자존감을 회복하기 위해 소비를 자꾸 하게 된다는 것이다. 그래야 더 잘나 보일 것 같고 그래야 좀 채워질 것 같은 느낌이 지갑을 열게 만든다. 그러나 소비로 인한 자존감 회복은 아주 '잠깐뿐'이다.

문제는 알면서도 사실상 멈출 수가 없다는 것이다. 그래서 자존감이 낮은 사람일수록 소비를 더욱 많이 하게 된다. 서울대 심리학과 곽금주 교수는 "사람들은 네 가지 유형에 의해서 물건을 구매하게 된다."며 "'없어서', '망가져서', '더 좋아 보여서', '그냥'이 그 단계"라고 규정한다. 물건을 이미 가지고 있어도 이걸 가지면 멋있어질 거라는 생각이 비슷한 걸 사고 또 사게 하는 것이다.

임상심리학자인 올리비아 멜란 역시 "어떤 사람들은 낮아진 자존감을 소비로 채우려고 한다."며 "기분이 안 좋아서 자신의 겉을 부풀리는 것"이라고 말했다. 자존감이 낮을 경우 현실 자아와 이상 자아 간의 차이가 크고, 그 틈을 메우기 위해 더 많이 소비하게 된다는 것이다.

낮아진 자존감을 회복하기 위해서 소비를 하면 잠시는 회복이 될 수도 있지만 자존감은 다시 낮아지기 마련이다. 근본적인 해결책이 아니기 때문이다. 남들보다 우월해 보이고 싶은 마음에 겉치장만 화려하게 하다 보면 심리적으로 오히려 피폐해질 수 있다. 완물상지라는 옛 고사가 그것을 말하고 있지 않은가.

지금 내가 어떤 물건에 집착하고 있다면 한 번쯤 고민해보자. 이것이 내가 가야 할 길에서 정말 필요한 것인가? 이게 있어야만 내가 빛나지는가? 진정으로 나를 채울 수 있는 것은 물건이 아니다. 내 안에 있는 다른 것이다. 그것을 키우는 노력을 하지 않기 때문에 물건에 집착하게 되는 것이다. 본질을 보자. 그것이 이 험한 세상에서 나를 지키는 가장 손쉬운 방법이다.

봉산개도(逢山開道)
산을 만나면 길을 뚫어라

급한 만큼 중간 과정은 생략하고 과감하게 가닥을 잡고
중요도가 떨어지는 것부터 하나씩 잘라내야 한다.

물을 만나면 다리를 놓는다

산을 만나면 길을 연다는 의미인 봉산개도I 逢山開道 I는 삼
국연의I 三國演義 I에 나온다. 적벽I 赤壁 I에서 크게 패한 조조의
위군은 정신없이 달아났다. 패잔병을 이끌고 조조가 화용
도로 가는데 홀연 앞에 가던 말과 군사가 나가지 못한다.

"웬일이냐?"

"앞쪽 산 굽이진 곳에 길이 좁은 데다 새벽에 비가 와서
땅이 패어 진흙 구덩이가 됐습니다. 진흙 구덩이 속에 말
굽이 빠져서 앞으로 나갈 수가 없습니다."

조조가 크게 성을 내어 꾸짖는다.

"군대는 산을 만나면 길을 만들고 물을 만나면 다리를 놓아 행군하는 법이다. 진흙 구덩이쯤 만났다고 행군을 못한다는 것이 말이 되느냐? 늙거나 어리거나 상처를 입은 군사는 뒤에서 천천히 가고 건장한 군사는 흙을 나르고 섶을 깔아서 구덩이를 메워 곧 행군하게 하라. 만약 영을 어긴 자가 있으면 목을 베리라."

군사들은 하는 수 없이 말에서 내려 길가에 있는 대나무를 베어 파인 진흙 구덩이를 메운다. 어떤 일을 진행하다가 난관에 부닥치면 어떻게 할 것인가? 리더에 따라 다르겠지만 포기하거나, 돌아 나가거나, 아니면 돌파 중 한 가지를 택하기 마련이다. 어느 것이 가장 바람직할까는 나중 결과로 나타나겠지만 가장 최악의 방법은 아무런 해법이 보이지 않는다거나 또는 엄두가 안 나 계속 뒷전으로 미루기만 하는 것일 거다.

고사에서도 알 수 있는 봉산개도는 어려움을 극복하려는 불굴의 의지를 나타내는 데 쓰인다. 어려움이 산적한 양자 간의 협상을 말할 때 자주 인용되기도 한다. 몇 년

전 힐러리 클린턴이 미 국무장관이었을 때 중국 대표와 전략경제대화 협상이 교착되자 이 고사를 인용해 유명해졌다. 앞서서 길을 만들고 꽉 막힌 관계를 풀어나가는 미국의 협상 묘는 오늘날까지 잘 이어졌다.

2011년 워싱턴에서 열린 제3차 미·중 전략경제대화에서 힐러리 클린턴 국무장관이 '봉산개도'| 逢山開道 |, 우수가교| 遇水架橋 |'의 고사를 언급했다. 힐러리의 발언에 깊은 인상을 받은 시진핑| 習近平 |은 다음 해인 2012년 미국 방문 시 다시금 '봉산개도'를 꺼낸다.

조 바이든| Joe Biden | 미국 부통령과 힐러리가 마련한 환영오찬에서 그는 "향후 미국과 중국이 새로운 협력 동반자 관계를 건설하는 일은 중요하면서도 깊은 의의가 있는 창조적 작업이 될 것입니다. 그 작업에는 참고할 선례도 없고, 거울로 삼을 경험도 없습니다. 두 나라에는 오직 덩샤오핑| 鄧小平 |의 '돌다리도 두드리며 건너라'는 말과 클린턴 국무장관의 '산을 만나면 길을 뚫고, 물을 만나면 다리를 놓으라'는 말이 있을 뿐입니다."라고 말했다.

우리네 삶도 마찬가지다. 온갖 위기가 파도처럼 밀려온

다. 하나를 해결하면 다른 하나가 기다리고 있고, 해결하지 못해도 계속 밀려온다. 어쩌면 인생이란 위기 속에서 허우적대다 끝나는 것은 아닌가 싶을 정도다.

때로는 정면돌파가 답

위기를 극복하는 방법은 다양하다. 자신을 달래기도 하고 또는 묵묵히 버텨내기도 한다. 그러나 때로는 정면 돌파가 답일 때가 있다. 아니 많다. 사실 21세기의 우리는 피곤한 세상에서 살고 있다. 세계적으로는 미국과 중국과의 초강대국 G2 간 무역전쟁이 한창이고, 국내적으로는 분야를 가리지 않고 각계각층에서 싸움을 벌이기 일쑤다. 혐오가 판치는 것도 눈에 걸린다. 경제 역시 과히 좋은 모양새는 아니다.

그럼에도 흔들리지 않는 나무는 없다. 세상살이가 이렇게 힘든 순간이 또 있었을까 싶을 정도로 삶이 팍팍해도 지나고 보면 그저 그런 기억으로 남을 때가 많다. 그렇다. 피할 곳이 어디 있는가. 눈을 돌려 문제를 외면한다 해도 문제는 그대로 있을 뿐이다. 사라지지도 않고 오히려 쌓이기만 한다. 상처 입어도 앞으로 나가야만 해결할 수 있다. 생각해보라. 우리가 살면서 선택지에서 문제를 회피했을 때 과연 그 문제가 사라졌던가? 아니다. 다른 형태로 변질될지언정 사라진 적은 없을 것이다.

위기는 극복에 따라 가치가 달라진다

태풍은 큰 피해를 많이 주지만 평온한 바다를 한 번씩 뒤집어 놓으면서 정화하는 역할을 한다. 우리 인생에서도 위기가 한 번씩 오면서 더욱 더 성숙해지는 자신을 발견한다. 겁먹지 말자. 위기 없는 인생은 없다. 위기를 만났을 때 제일 먼저 해야 할 것은 위기의 본질을 정확하게 파악하는 것이다. 복잡한 것일수록 의외로 단순화할 수 있다. 문제가 있으면 답도 있게 마련이며, 어렵게 문제를 풀려고 하지 말고 쉬운 답을 찾으면 된다.

또한 어려울수록 과감한 결단이 필요하다. 사실 어려움이 현실화가 됐다는 것은 '미리 대처 못 했음'의 다름 아니다. 급한 만큼 중간 과정은 생략하고 과감하게 가닥을 잡고 중요도가 떨어지는 것부터 하나씩 잘라내야 한다. 외과

적 수술이 필요한 부분을 찾아서 도려내야 한다. 마음|心理 |이 아니고 몸|行動 |을 움직여 실행|實踐 |에 나서야 한다.

아울러 한 사람의 천재가 팀을 이길 수는 없다. 함께 극복해야 빠르고 온전히 새롭게 태어날 수 있다. 잘못된 부분은 구체적으로 솔직히 시인하고, 조직 전체 구성원들에게 양해를 구한 다음, 시급하지 않거나 실현성 낮은 장기 또는 미래 전략을 일정 기간 보류하거나 없애야 한다. 많은 사람이 개혁을 외친다. 그러나 변하지 않는 이유는 말뿐이고 실행이 없어서다.

살면서 어려움은 누구나 무수히 만나게 된다. 앞으로도 당연히 그럴 것이다. '피할 수 없으면 즐겨라'는 말이 있듯이, 어려움을 통해 새로운 기회를 잡을 수도 있다. 위기 시전에 보이지 않던 혜안도 생겨나고, 없던 용기도 일어날 수 있다. 흔히 하는 얘기로 기회는 위기와 동시에 기회인 것이 맞다. 사실 큰돈을 벌 기회도 이런 상황 때만이 가능하다. 지나고 나면 그때가 바로 기회였다.

백초시불모

어느 것 하나 버릴 것 없다.

이것은 옳고 저것은 다 틀리고가 아니라

모두 다 의미가 있다.

수적석천(水滴石穿)
떨어지는 물방울이 바위에 구멍을 뚫는다

작은 성과도 쌓이고 쌓이면 큰 업적이 된다. 무슨 일이든
꾸준히 해온 결과는 큰 결과를 이루게 되는 것이다.

꾸준함에는 강력함이 있다

수적석천| 水滴石穿 |은 '물이 한 방울씩 떨어져도 돌에 구멍
이 생긴다.'는 뜻으로, 본래는 '작은 잘못이라도 계속 누적
이 되면 커다란 위험이 될 수 있음'을 비유했던 말이었다.
그러나 현재는 '보잘것없는 아주 작은 힘이라도 꾸준히 노
력하면 큰일을 이룰 수 있음'으로 바뀌어 사용된다.

이는 송| 宋 |나라 때 '나대경| 羅大經 |'의 '학림옥로| 鶴林玉露 |'
라는 책에서 유래했다. '적수천석| 滴水穿石, 한 방울의 물이 돌을 뚫는다
|', '수적천석| 水滴穿石 |', '우수천석| 雨垂穿石, 빗물이 떨어져 돌을 뚫는다 |'

이라고도 한다.

고사를 살펴보면 '장괴애| 張乖崖 |'는 '숭양| 崇陽 |'현의 현령
이었다. 한 관리가 창고에서 나오는데 그의 귀밑머리 근처
두건 아래에 동전 하나가 있는 것을 발견하고, 장괴애는
이를 따져 물었다. 그러자 그 관리는 답했다.

"이것은 창고에 있던 동전입니다."

장괴애는 그를 곤장으로 때리라고 명령했다. 그러자 그
관리는 발끈하며 말했다.

"동전 한 닢이 뭐 별거라고, 저를 곤장으로 때리시나요?
저를 곤장으로 때릴 수는 있어도, 설마 죽일 수는 없을 겁
니다."

장괴애는 이 말을 듣고 바로 붓을 들어 판결문을 썼다.
'하루에 동전 한 닢씩 천 일이면 천 푼이 된다. 노끈으로
톱질하더라도 나무는 결국 잘리게 되고, 물이 한 방울씩
떨어져도 돌에 구멍이 생긴다.'

그리고 나서 바로 장괴애는 칼을 들고 계단 아래로 내려
가서 그의 목을 베고, 곧바로 사헌부에 자수했다. 또 명| 明
|나라 말기에 홍자성| 洪自誠 |이 지은 '채근담'에도 '승거목단

수적석천 학도자 수가력색 ׀ 繩鉅木斷 水滴石穿 學道者 須加力索 ׀ '이란 구절이 있다.

노끈으로 톱질을 해도 나무가 잘리고 물방울이 떨어져 돌을 뚫을 수 있으니 도 ׀ 道 ׀ 를 배우는 자는 모름지기 힘써 구하라는 의미다. 꾸준히 힘써 노력한다면 아무리 어려운 일이라도 결국은 성공할 수 있음을 비유한 말이다.

인생을 살면서 40세를 넘으면 뼈저리게 알게 된다. 꾸준함이 주는 강력함 말이다. 아무리 작은 힘도 꾸준히 쌓이면 큰 힘을 보이며 아무리 작은 성과도 쌓이고 쌓이면 큰 업적이 된다. 무슨 일이든 꾸준히 해온 결과는 큰 성과를 거두게 되는 것이다. 우리가 흔히 얘기하는 천재들인 아인슈타인, 피카소, 프로이트 등 위대한 업적을 남긴 대부분의 사람은 최소 10년의 법칙 ׀ 1만 시간 ׀ 의 집중적인 투자가 있고 난 뒤 비약적인 성장을 가져왔다.

손자병법의 손자 ׀ 손무 ׀ 도 비슷하다. 원래 손자의 집안은 제나라에서 큰 공을 세워 넉넉했지만, 4성의 반란에 연루되면서 정치투쟁에 휩쓸리게 되었다. 결국 젊은 손자는 가족을 따라 오 ׀ 吳 ׀ 나라로 피신하여, 20년 동안 산간벽지에

숨어 살며 병법을 깊이 탐구하였는데, 이때 그 유명한 '손자병법'이 탄생하게 된 것이다.

그렇게 20년의 세월이 지나고 나서야 오왕 합려[闔閭]에게 발탁되어 장군이 된 손자는 그의 병법이 단지 이론에 그치는 것이 아니라 실전에 적용됨을 증명하듯 초나라를 격파하고 중대한 공을 세워 손자병법을 더욱 세상에 알리게 되었다. 그 결과 손자병법은 2,500여 년이 지난 지금도 동서양 고금을 망라하는 최고의 병법서로 자리매김하게 되었다.

만약 손자에게 20년의 피난 생활이 없었다면, 또 손자가 그 피난 생활 동안 끈질기게 병법연구를 하지 않았다면, 오늘날 우리는 손자병법을 만나지 못했을 것이다.

비틀즈도 사실 수적석천이다

1964년 어느 날 혜성처럼 나타나 미국은 물론 전 세계를 점령한 영국 리버풀 출신의 4인조 청년들은, 혜성처럼 나타난 이들이 아니었다. 그저 평범한 고등학교 록 밴드에 불과했던 비틀즈는 1960년 독일의 함부르크에 초대받았는데, 당시 그곳에는 로큰롤 클럽이 없었기 때문에, 풋내기에 불과했다. 그런데도 하루에 여덟 시간씩 연주했다.

리버풀에서 고작 한 시간 연주한 것에 비하면 엄청난 시간이었기 때문에, 비틀즈는 여러 가지 곡을 다양한 방법으로 연주할 수밖에 없었다. 더욱이 그들은 하루도 쉬지 않고 일주일에 7일을 꼬박 연주했는데, 그 후 성공하기 시작한 1964년까지 모두 1만 시간이 넘는 | 12,000시간 | 공연을 했다고 한다. 이런 끈질긴 노력의 결과로 누구도 따라 올 수 없는 놀라운 밴드가 되었다.

심리학자 마이클 호위 | Michael Howe |와 하워드 가드너 | Howard Gardner |는 6세에 작곡을 시작해 신동이라고 불린 모차르트 또한 10년 | 1만 시간 |의 법칙에서 벗어나지 않는다고 규정했다. 어린 시절부터 작곡을 했던 모차르트는 처음부터 대단한 작품으로 평가받았던 것이 아니라, 21세 때 만들어진 '협주곡 9번'이 나오고 나서야 비로소 진정한 걸작품으로 평가받았다. 이것은 그가 협주곡을 만들기 시작한 지 10년이 흐른 시점이었다고 한다.

우리 일상에서도 마찬가지다. 회사에 신입으로 입사하여

대리를 거쳐 경력이 대략 10년이 지나고 과장쯤 되어야, 촉망받는 인재로 인정받기 시작한다. 다만 단순히 10년을 채우기만 하면 되는 것이 아니라, 마치 연주자나 운동선수가 꾸준히 연습을 하듯이, 하루 세 시간은 자신의 발전과 성장을 위해 투자하는 사람들에게 해당하는 이야기이다. 사실 직장 생활 10년이 쉬운 일은 아니다. 일의 경중을 떠나 상하좌우 다양한 사람들과의 소통이 필요하고 인간 관계적인 어려움도 있다. 그걸 겪고 극복하며 성장한 사람만이 우리가 리더라고 부르는 부장이 되고 임원이 될 수 있는 것이다.

물론 1만 시간의 법칙ㅣ10년의 법칙ㅣ으로 모두가 성공하는 것은 아니다. 어떤 이들은 여기에 행운이 겹쳐지거나 집안의 후원이 있기도 했다. 하지만 그렇다고 해서 그것이 그들의 노력을 다 가릴 수는 없다. 어찌 됐든 무언가에 1만 시간을 꾸준히 투자한다는 것은 엄청난 일이다. 그리고 그것이 내 인생을 바꿀 수도 있다. 지금이라도 늦지 않았다. 수적석천 할 것을 찾아서 시작하자. 인생, 당장 내일 끝나는 것이 아니지 않은가.

구이경지(久而敬之)
편하다고 함부로 대하지 않는다

오래 사귀었지만 처음처럼 존중하다. 시간이 지날수록 공경
받지 못한다면, 이것은 그들에게 문제가 있는 것이 아니라
나에게 문제가 있는 것이다.

처세의 기본 도리, 구이경지

구이경지| 久而敬之 |란 오래토록 사귄 사람끼리 서로 공경
받는 일을 말한다. 제| 齊 |나라의 안평중| 晏平仲 |은 3대에 걸
쳐 왕을 모신 명신이다. 안평중의 이름은 안영| 晏嬰 |이고 그
를 존경하여 안자| 晏子 |라 부르기도 한다.

그러나 공자| 孔子 |와는 악연이라면 악연일 수도 있는데
공자가 제나라에서 재상| 宰相 |으로 등용되는 것을 막은 장
본인이기도 하다. 그 이유는 분명하지 않으나 공자는 안평
중의 반대로 제나라에서 정치적인 뜻을 펼 수 없었다. 그

럼에도 불구하고 공자가 안평중의 인물됨을 평가한 것을 보면 놀라지 않을 수 없다.

공자는 그를 두고 '안평중선여인교 晏平仲善與人交 구이경지 久而敬之'라고 말했다. 해석하자면 '안평중은 다른 사람과 교제를 잘하였는데 오래되면 다른 사람들이 그를 공경했다.'라는 뜻이다. 기실 이 고사는 자신의 등용을 반대한 인물에 대해 관대한 평가를 한 공자 孔子의 인격과 포용력을 깔고 있기는 하지만, 안평중 역시 어떠한 사람이기에 이런 평가를 받았던 것일까.

안평중이 초 楚나라에 사신으로 갔을 때다. 당시의 초나라는 강대국이어서 약소국가들이 잘 보이기 위해 다투어 사신을 파견했다. 제나라에서도 사신으로 그를 보냈다. 초나라의 왕은 이미 안평중의 명성을 들었던 터라 그에게 모욕을 주겠다는 생각을 하고 신하들에게 키가 5척도 안 되는 그를 골탕 먹일 계획을 짜보라고 지시했다.

왕은 사람들을 보내 성문 옆에 5척가량 구멍을 뚫도록 한 후 안평중이 오면 성문을 열어주지 말라고 명령했다. 안평중이 성문에 이르자 문지기가 문을 열어주지 않으면서 이렇게 말했다.

"제나라 대부는 저기에 뚫어놓은 구멍으로 들어오십시오. 그런 조그마한 몸으로는 들어오고도 남을 터이니 구태여 커다란 성문을 열 필요까지는 없을 것입니다."

이에 대해 안평중은 당당하게 대답했다.

"저것은 개구멍이지 사람이 출입하는 곳은 못 된다. 개나라에 왔다면 그야 개구멍으로 들어가지만 사람 나라에 왔다면 드나드는 문으로 들어가야 하지 않겠느냐?"

안평중의 지혜에 기세가 꺾인 왕은 은근히 부아가 끓어올랐다. 복수할 기회를 찾고 있다가 마침 그 앞으로 포리捕吏가 도적질한 제나라 출신 죄인을 끌고 가자 안평중이 들으라는 듯 큰소리로 물었다.

"제나라 사람은 다 도적질하는 버릇이 있는가?"

안평중이 말했다. "제가 듣기로는 귤橘은 회남淮南에서 나면 귤이 되지만 회북淮北에서 나면 탱자枳가 된다고 들었습니다. 제나라 사람들은 도적질을 모릅니다. 그런데 초나라에 와서는 도적질을 하게 되었으니 이는 토질이 다르기 때문입니다."

여기에서 그 유명한 남귤북지 | 南橘北枳 |라는 고사성어가 생겼다. 초나라의 왕은 안평중의 인격과 지혜에 감탄하여 더 이상 시문 | 試問 | 없이 극진히 사신으로서의 대우를 했다는 고사 | 故事 |다. 각설하고 구이경지는 일반적으로 친구 관계를 일컬을 때 쓰는 말이기는 하지만 직장에서의 선후배 관계에도 적용된다.

시간 지날수록 공경받아야

직장 내에서 리더는 자신의 스타일에 따라서 후배들을 편안하게 혹은 격식을 차려서 대하게 된다. 문제는 오랜 시간 함께 지내다 보니 행동에 격의 없이 함부로 대하는 경우가 생기게 된다는 점이다. 특히 회사를 벗어난 사석에서 말이나 행동이 아주 편안하게 나오는 것이 거기서 끝나지 않고 업무 시간 중에도 같은 말투, 행동이 지속하는 경우도 있다.

물론 이런 행동이 일부러 상대를 무시하는 마음에서 나온 것은 아닐 것이다. 되려 아끼고 좋아하는 후배이기 때문에 더욱 그럴 수도 있다. 하지만 사석에서는 편안한 관계라 할지라도, 업무시간 중에는, 특히 2명 이상 함께 하는 회의 석상에서는 후배를 존중하는 태도를 보여야 함이 마땅하다.

상대가 배려인 줄 모르면 내가 아무리 배려해도 그것은 헛된 일일 뿐이다. 마찬가지로 내가 상대를 아끼기 때문에 편히 한다고 해서 그 상대가 아낀다는 것을 알 수 있는 것은 아니다. 설혹 아낀다는 것을 알아도 함부로 해서는 안 된다. 구이경지는 처세의 기본 도리다. 낮으면 낮은 대로 높으면 높은 대로 꼭 명심해야 할 고사다. 사람은 처세를 할 때 인의도덕에 부합해야 할 뿐 아니라 자신만의 원칙을 지킴으로써 남을 대할 때도 분수를 지킬 줄 알아야 한다.

혹시 아랫사람에게 너무 가볍거나 능력 부족으로 보이지 않는지 생각해 보면 어떨까. 가벼워지면, 일의 진행이 앞으로 나아가질 못하고 상벌을 엄히 내릴 수 없다. 능력을 갖춘 자를 최대한 활용하지 못함도 당연하다. 구이경지는 오롯이 나의 행동에서 출발해 돌아오는 성적표 같은 것이다. 시간이 지날수록 공경받지 못한다면, 이것은 그들에게 문제가 있는 것이 아니라 나에게 문제가 있는 것이다.

착륜지의(斲輪之意)
수레를 깎는 느낌

시행착오를 올바르게 활용한다면, 경험은 인생에 있어 최고의 지식이자 철학이 되며, 삶의 지표가 되기도 한다.

한계 너머는 '암묵지'로 채워야

착륜지의 | 斲輪之意 | 는 수레를 깎는 느낌이란 고사성어로 경험의 중요성을 의미한다. 쉽게 풀이하자면 바퀴를 제작하는데 있어 헐거움과 빡빡함 사이의 조율은 자신이 직접 해야 한다는 내용이다. 장자 | 莊子 | 의 천도편 | 天道篇 | 에 나오는 고사는 아래와 같다.

제환공이 어전에서 책을 읽고 있는데, 윤편 | 輪扁 | 이라는 목수가 어전 뜰에서 수레바퀴를 깎고 있다가 연장을 놓고 어전에까지 올라와서 환공에게 물었다.

"지금 읽으시는 책에는 누구의 말씀이 적혀 있나이까?"

그러자 환공이, "성인의 말씀이 적혀 있다."라고 대답했다. 목수는 이어 "그 성인이 지금 살아 계신가요?"라며 되물었고 환공은, "이미 돌아가신 지 오래이다."라고 답했다. 그러자 목수는 "그러고 보니 환공께서 읽고 계신 것은 옛사람의 찌꺼기|糟粕|로군요."라고 했다.

환공은 화가 나서 "아니, 과인이 글을 읽는데 네가 감히 그런 말을 하다니, 그만한 이유라도 있으면 모르되, 그렇지 않으면 너는 살아남지 못하리라"라고 일갈했다.

목수는 거침없이 "이는 소신이 하는 일을 두고 말하는 것입니다. 나무를 깎아 바퀴에 맞출 때 너무 수월하게 들어가면 헐거워서 덜거덕거리게 되고, 너무 꼭 끼게 하려면 볼이 채서 잘 들어가지 않습지요. 너무 헐겁지도 않고 끼지도 않게 하려면, 다 같은 손으로 하는 것이긴 하지만, 역시 영감|靈感|과 같은 것이 작용하게 되옵니다. 그것은 말로 어떻게 하면 된다고 표현할 수 없는 것 입지요. 그러한 것은 소신이 자식에게도 가르쳐 줄 수 없었고, 자식도 소신에게 배울 수 없었나이다. 그래서 소신은 이 나이가 되도

록 손수 이 일을 하며 살아가고 있사옵니다. 옛 성인들도 그분이 돌아가신 뒤에는 그 마음의 재주란 것이 전해질 리가 없지 않겠나이까. 그러므로 공께서 읽고 계신 것도, 옛사람들의 마음의 찌꺼기밖에 더 될 것이 없다는 뜻으로 아뢰었나이다."라고 답했다.

목수는 경험을 통해 축적한, 그래서 본인만이 알 수 있는 것이야말로 진짜 자기 것이라고 말한 것이다. 경험이란 사전적 의미로 어떤 사건을 직접적으로 관찰하거나 행동에 참여함으로 얻어진 결과다. 매 순간 선택하면서 그 사람의 기준점이 되기도 하며, 한번 체득한 경험은 누구에게도 주기 힘든, 그야말로 산 지식이다. 쉽게 얻을 수 있는 것도 아니다.

의사 결정은 경험한 정보 속에서

혁신의 아이콘이자, 아이폰을 세상에 태어나게 했고, 또 애플 신화를 연 장본인이었던 스티브 잡스는 사실 학창시절 자기중심적이고 불량한 학생이었다. 수업 태도가 엉망인 것은 기본이었고 장난이 심해 많은 사람을 곤란하게 했다. 학교에서 내주는 숙제를 하지 않는 것은 물론이고, 선생님에게 대드는 것도 일상이었다. 심지어 고등학교에 가서는 마리화나에까지 손을 대기도 했다. 그야말로 문제아 그 자체인 셈이었다.

하지만 그에게는 남다른 강점이 있었다. 그것은 자신이 좋아하는 것이 무엇인지, 어떤 길을 가야 하는지 등에 대한 내면과의 대화에 충실했다는 점이다. 그리고 그것을 충족하기 위한 다양한 경험을 시도했다. 히피들처럼 머리를 치렁치렁 기르고, 그들과 어울리기도 했으며, 대학교를 한 학기만 다니고 과감히 자퇴하기도 한다. 이후 흥미를 끄는 과목을 골라 청강하기 시작한다. 그가 당시에 청강한 캘리그래피 수업이 훗날 매킨토시의 서체에 많은 영향을 주었다는 것은 널리 알려진 사실이다.

당시에 그는 친구의 기숙사 바닥에서 잠을 자고, 콜라병을 팔아 마련한 돈으로 생활비를 해결했다. 그리고 일요일이면 수도원에서 주는 무료 급식을 먹기 위해 7마일을 걸어 다녔다. 히피 마인드로 무장한 스티브는 쉽지 않은 이 시기에 공부의 끈을 놓지 않았고 어려움을 견뎌냈다. 그는 또 명상과 선불교에도 관심을 가지면서 신의 정체성에 대한 해답을 찾아 인도로 떠난다. 인도 여행은 그가 세계에서 놀랄 만한 IT혁명을 주도하는 데 동력이 됐다.

그는 다양한 경험을 통해 자아에 눈을 뜨고, 자신이 해나가야만 하는 일이 무엇인지에 대한 깨달음을 얻었다. 사실 그의 청년기 삶만 본다면 성공보다 실패와 불안정한 삶에 더 가까웠다. 하지만 그는 실패를 두려워하지 않고 매 순간 도전하는 삶을 선택했다. 그렇게 얻은 실패와 성공의 경험이 그를 천재라는 수식어도 아까울 정도의 위치에 올려놓았다. 그의 삶과 통찰력에 많은 사람이 열광하는 것도 그가 타고난 천재이기보다 만들어진 천재이기 때문이다.

그렇다. 경험이 없거나 부족하다면, 우리는 인생에서 장님처럼 살아갈 수밖에 없다. 모든 경험이 좋은 것은 아니며, 시행착오가 수백, 수천 번 반복된다. 그럼에도 그런 시행착오를 올바르게 활용한다면, 경험은 인생에 있어 최고의 지식이자 철학이 되며, 삶의 지표가 되기도 한다.

諸行無常

제행무상

모든 것은 영원불변하지 않다.

한 모양으로 머물러 있지 않다.

거일반삼(擧一反三)
하나를 알려주면 셋을 안다

현재 우리는 많이 아는 것이 힘인 시대를 넘어 넘쳐나는 정
보들 중 쓸모 있는 것을 선별하고 통합하는 능력이 힘이 되
는 시대로 접어들었다.

자기주도학습은 성인에게 더 필요

거일반삼| 擧一反三 |은 말 그대로 하나를 알려주면 셋을 아
는 '매우 영리'한 사람을 일컫는다. 본디 한 귀퉁이를 가리
키면 나머지 세 귀퉁이도 미루어 헤아릴 수 있다는 뜻이
다. 관련 고사는 공자의 제자 학습법에서 나온다. 공자| 孔子
|가 말하였다.

"분발하지 않으면 열어 가르쳐 주지 않고, 표현하고자
하나 제대로 표현하지 못해 더듬거릴 정도에 이르지 않으
면 일으켜 주지 않는다. 한 귀퉁이를 들어 가르쳐 주었는

데도 나머지 세 귀퉁이를 미루어 알지 못하면 되풀이하지 않는다."

공자는, 하나를 일러 주었음에도 나머지 셋을 미루어 알지 못하는 사람에게는 되풀이해서 가르쳐 주더라도 소용이 없고, 다만 그 셋을 알 때까지 기다리는 수밖에 없음을 말한 것이다. 거일반삼은 여기서 유래했다. 영리한 사람을 뜻하기도 하지만 현대에서는 자기주도학습이 필요하다는 뜻으로도 해석된다.

이와 유사한 사자성어는 '문일지십 l 聞一知十 l'이다. 하나를 들으면 열을 안다는 뜻으로, 논어 l 論語 l, 공야장 l 公冶長 l편에 나온다. 반대되는 표현으로 '우이독경 l 牛耳讀經 l'이 있는데, 이 말은 '쇠귀에 경 읽기'라는 뜻이다.

한때 교육법 중 가장 화제를 불러 모았던 것이 자기주도학습법이다. 아이가 공부의 중요성은 알고 있지만 현실적으로 공부하는 방법을 몰라서 부모의 잔소리 때문에 억지로 하게 되면 오히려 더 망친다는 것으로부터 출발한다. 이에 아이들이 스스로 만족스럽게 공부하도록 하는 것이 자기주도학습이다. 동기부여를 하고 자기평가능력을 갖추

는 등 스스로 나서서 할 수 있는 공부법이라고 보면 될 듯
하다.

그런데 자기주도학습은 오히려 성인들에게 더 필요하다.
새로운 기술을 배우고자 할 때, 주택 개조를 하려 할 때,
또는 미뤄왔던 삶의 문제를 해결하려 할 때, 개인적인 변
화를 주고자 할 때 등 배움이 필요한 순간은 인생에서 너
무나 많다. 이에 학습 계획을 세우고 그에 대한 책임을 지
며, 과정을 통제하고 결과를 평가했다면 이 프로젝트는 곧
자기주도학습이 된다.

자기주도학습은 학습자가 통제권을 가지고 학습에 대처
한다. 타인의 도움 여부에 상관없이 자신의 학습 요구를
진단하고 학습 목표를 설정하며, 학습에 필요한 인적, 물
적 자원을 찾고 이에 적합한 학습을 한다. 공자의 말대로
한 귀퉁이를 들어 가르쳐 주었는데도 나머지 세 귀퉁이를
미루어 알지 못한다면, 그것을 스스로 알아내도록 해야
하는 것이다.

이런 점에서 자기주도학습은 성인으로서 배움에 꼭 필
요한 방법이다. 의지와 목표가 명확하고 이를 계획적으로

운영·평가하는 행위가 공부에 시간을 투자하는 가치를 충족시켜주기 때문이다. 또한 이런 자기주도학습은 영리하지 않아도 세 귀퉁이를 알게 할 수 있다. 하나의 과정을 두고 입체적인 시각으로 지켜보기 때문이다ㅣ 물론 사람에 따라 시간적인 차이는 존재한다ㅣ.

만약 '골프를 배우라'는 명제가 주어졌다면 시작점은 스스로 지식을 쌓거나 기술을 발전시키고 싶어 하는 열망이다. 스스로가 골프를 배워야 하는 이유를 확실하게 인지해야 한다는 것이다. 그다음 단계는 학습에 있어 보다 자기주도적이 되는 것이다. 골프레슨 TV프로그램을 주로 본다든지, 골프연습장의 레슨프로에 방법을 물어보는 것을 의미한다.

세 번째는, 자기주도학습 과정에 비판적 성찰이란 요소를 첨가하는 것이다. 골프레슨프로와 파3 연습장으로 연습을 하러 가 자기의 실력이 미미하다는 것을 깨닫는 것이다. 그러나 이 경험을 하고 나면 똑같은 초보라도 연습장에서 많은 연습을 하는 것보다 실제 필드에서 실전연습을 하는 것이 실력 향상에 도움이 된다는 것을 알게 된다. 그

만큼 자신을 객관적으로 볼 수 있게 되는 것이다. 이것이
바로 전환학습이다.

이런 학습법은 생각보다 쉽게 접할 수 있다. 암 환자가
자신의 건강을 위해 책을 통해 학습하는 경우도 이 범주
다. 사실 자기주도학습은 일방적인 교육이 아니라 학습자
중심의 교육을 지칭한다. 스스로 나서서 무언가를 배우고
그것 때문에 스승을 찾아 나서는 행위다.

시키는 일만 하는 인재는 필요없다

각 기업에서 이런 자기주도학습을 시키는 이유가 바로
여기에 있다. 시키는 일만 하는 인재는 필요 없기 때문이
다. 21세기 들어서 수천 년이 걸렸던 시대적 변화는 수백
년, 수십 년으로 점점 혁명에 가깝게, 빠르게 변화하고 있
다. 이런 급변하는 시대의 예측 불가능한 미래를 마주해야
하는 우리들은 스스로 생존 가능성을 강화해야 한다.

미래학자 앨빈 토플러는 지난 2006년 발표한 '부의 미
래'에서 '제4의 물결' 시대를 예견했다. '제1의 물결'인 농
업혁명이 수천 년 동안 이어졌다면 '제2의 불결'인 산업

혁명은 수백 년이라는 짧은 시간에 산업화를 이루었다. 1950년대 중반부터 지금까지 이어져 오고 있는 '제3의 물결'인 정보혁명을 넘어 이제는 시간, 공간, 지식이 부 창출 근본요소가 될 '제4의 물결' 또한 곧 도래하리라는 것이다.

현재 우리는 많이 아는 것이 힘인 시대를 넘어 넘쳐나는 정보들 중 쓸모 있는 것을 선별하고 통합하는 능력이 힘이 되는 시대로 접어들었다. 다시 말해, 기존의 수동적 교육으로는 시대 변화를 따라잡을 수 없다는 것이다. 이제 성인이라면 더 이상 회사가 필요해서, 혹은 살기 위해서라는 이유로 억지 교육에 임하지 말아야 한다. 확고한 목표가 없다면 의미 없는 배움에 시간을 허용하는 것 자체가 낭비다.

거일반삼을 하기 위해 필요한 것은 명석한 두뇌가 아니다. 한 귀퉁이가 있으면 다른 귀퉁이도 있다는 발상의 전환이 필요하다. 그리고 그런 발상의 전환은 스스로 찾아야 한다.

기산지절(箕山之節)
절개나 신념을 굳게 지켜라

일상에 얼마나 많은 유혹이 있는가. 날마다 크고 작은 유혹과의 싸움이 이어진다. 그 유혹들과 싸우는 힘이 신념이다.

신념과 용기는 항상 같이 있다

기산지절 |箕山之節|은 기산의 절개라는 뜻이다. 한자만 보면 그 의미를 짐작하기가 어렵지만 고사를 들어보면 고개가 끄덕여진다. 절개나 신념을 지키는 사람들에게 주로 쓰이는 고사로, 포선전 |鮑宣傳|에서 나왔다.

요의 아들 단주는 불초 자식이었다. 요는 그에게 천하를 물려 줄 수가 없었다. 어느 날 요임금은 신하들 앞에서 "누가 좋을까?"하고 물었다. 그러자 환두 |讙兜|가 말했다.

"공공 |共工|이 백성들을 널리 모아서 여러 가지 업적을 세

우고 있으니 그를 등용할 수 있을 겁니다."

그러자 요는 "공공은 말은 잘하지만 등용하게 되면 사심
ㅣ邪心ㅣ이 나타나 겉으로는 마치 공손한 것 같지만 실은 하
늘마저 깔볼 것이므로 쓸 수가 없소!"라고 했다. 그러면서
요임금이 홍수로 인한 폐해를 걱정하자 모두들 곤ㅣ鯀:우(禹)
임금의 아버지ㅣ을 추천했다. 처음에는 마땅치 않게 여기던 요임
금은 신하들의 강력한 추천으로 곤을 등용했다.

그러나 그가 치수에 착수한 지 9년이 지났어도 아무런
업적을 세우지 못했으므로 요는 신하들에게 다른 현명한
사람을 천거해 보라고 요청했다. 그때 기산ㅣ箕山ㅣ이라는 산
에 허유ㅣ許由ㅣ와 소부ㅣ巢夫ㅣ라는 현인이 은거하고 있었다. 일
찍부터 그들이 현명하다는 소문을 듣고 있던 요임금은 친
히 그를 찾아가 천하를 물려주고 싶다는 뜻을 전했다.

그러나 청렴 고결했던 허유는 임금의 제의를 일언지하
에 거절했을 뿐만 아니라 밤새껏 달려 기산 아래에 있는
영수ㅣ潁水ㅣ가로 도망쳐 나와 그곳에서 살았다. 그가 천하
에 뜻이 없음을 간파한 요임금은 다시 사자를 보내 이번에
는 9주ㅣ九州ㅣ의 장ㅣ長ㅣ만이라도 맡아 달라고 간청했다.

이 말을 전해 들은 허유는 화를 내면서 영수 가로 달려가 자기의 더러운 귀를 씻었다. 이때 마침 그의 친구였던 소부I 巢父 I가 물을 먹이기 위해 소를 끌고 그곳으로 오고 있었다. 허유가 귀를 씻고 있자 기이하게 여긴 나머지 그 까닭을 물었다. 그러자 허유가 대답했다.

"글쎄, 요가 나에게 9주의 장을 맡아 달라고 하지 뭔가! 혹시나 내 귀가 더럽혀지지 않았나 해서 씻고 있는 중일세."

이 말을 듣자 소부는 콧방귀를 뀌면서 한마디 했다.

"여보게 노형, 그만두게나. 만약 그대가 이 심산유곡에 살면서 처신을 잘했던들 누가 당신을 괴롭히겠는가? 숨어 산다면서 소문을 내어 명예나 쫓았으니 지금 이 모양 이 꼴로 귀를 씻게 된 것이 아닌가? 그대의 귀를 씻은 이 더러운 물을 내 소에게 먹일 수는 없네."

그런 후에 소부는 강물을 거슬러 상류로 올라가 소에게 물을 먹였다. 전설에 의하면 지금도 기산에 허유의 묘가 있으며, 그 산 밑에 소부가 소를 몰던 흔적이 남아 있다고 한다. 또 영수 가에 독천이라는 샘이 있으며, 돌에는 송아지의 흔적이 남아 있다고 한다.

소부와 허유가 이처럼 왕위를 사양하고 은둔한 것을 '기산지절| 箕山之節 |'이라고 하는데 이 말은 후세인 초기 한나라 말 설방| 薛方 |의 고사에도 나왔다. 초기 한나라 말기 왕망| 王莽 |이 신| 新 |나라를 세운 뒤에 설방에게 벼슬을 주려고 하여 사신을 보내자 그가 사신에게 이렇게 말하며 거절했다고 한다.

"지금 황제께서 훌륭한 은덕을 베푸시니 소신은 그저 요순시대에 소부와 허유가 그랬듯이 기산지절을 지키고자 할 뿐입니다."

사람이 성공하고 정상을 넘어서기 위해 필요한 가장 중요한 품성은 무엇일까? 여러 가지가 있지만 올바른 신념과 용기만큼 힘이 있는 것은 드물다. 신념은 용기와 항상 같이 있다. 용기가 중요한 이유는 도덕성의 감당하기 힘든 요구 때문이다.

어떤 유혹이 와도 신념은 지켜야

올바른 신념과 용기가 도덕성을 바탕으로 세워져 자신감

으로 포장될 때 성취도는 향상되고 주변 사람들의 생산성도 향상한다. 나아가 삶의 모든 영역에서 성공할 가능성이 무한히 커진다. 기산지절은 본디 벼슬길에 나아가지 않은 청렴함을 기리는 말이지만, 기실 그 속에는 그 어떤 유혹이 와도 본인이 지켜야 할 신념을 굳게 지키는 것이 중요하다는 의미가 내포되어 있다.

따지고 보면 우리 일상에 얼마나 많은 유혹이 있는가. 날마다 크고 작은 유혹과의 싸움이 이어진다. 하지만 한번 뒤로 물러서기 시작하면 결국 모든 것에서 물러나야 한다. 그 유혹들과 싸우는 힘이 바로 신념이다. 그리고 그런 신념은 나의 일상과 명예, 나아가 가족을 굳건히 지켜주는 강한 방어막이 된다. 인생을 살면서 신념이 없다면, 그 인생은 너무나 왜소하지 않겠는가. 지금 당신의 내면에 물어보자. 내가 지켜야 할 '기산'은 무엇이냐고 말이다.

이청득심(以聽得心)
상대방의 말을 귀 기울여 들으면 그 마음을 얻을 수 있다

듣기를 포기하는 것은 성공을 포기하는 것이고, 나아가 소통을 포기하는 것이다. 혼자 살겠다는 뜻이기도 하다.

나이 들수록 공감적 경청해야

이청득심 |以聽得心 | 은 귀를 기울이다 보면 결국 마음을 얻게 된다는 뜻이다. 장자가 이야기한 것으로 그 유래는 이러하다. 중국 노 | 魯 | 나라 왕이 바닷새를 비궁 | 閟宮 | 안으로 데려와 술과 육해진미 | 陸海珍味 | 를 권하고, 풍악과 무희 등 융숭한 대접을 했지만, 바닷새는 어리둥절해 슬퍼하며 아무것도 먹지 않아 사흘 만에 죽었다는 내용이다.

장자 | 莊子 | 는 노나라 임금의 이야기를 통하여, 아무리 좋은 것이라도 상대방의 입장을 고려하지 않으면 실패할 수

밖에 없다는 것을 이야기했다. 노나라 임금의 실수는 자신이 좋아하는 음식과 음악이 바닷새에게도 좋을 것으로 생각한 데서부터 시작했다.

이런 일은 현대에도 비일비재하다. 나는 상대를 배려하지만, 상대가 그 배려를 모르면 화가 나기 마련이다. 그런데 상대 입장에서는 배려를 바란 적도 부탁한 적도 없는데 해주고 나서, 배려인데 왜 모르냐고 다그치면 당황할 수밖에 없다. 필요할 때 필요한 것을 주는 것이 이치다.

어찌 상대의 얼굴만 보고 그가 원하는 것을 줄 수 있으며, 그를 도와줄 수 있을까. 또한 상대와 큰일을 도모하려 한다면, 응당 제일 먼저 해야 할 일은 다름 아닌 경청이다. 세상이 복잡해지면서 이해득실에 예민해지는 듯하다. 다툼과 갈등이 곳곳에서 일어나고, 남을 미워하거나 마녀사냥으로 몰아가 궁극에는 상대의 목숨을 뺏기도 한다.

오로지 내 목소리에만 집중하기에 이런 일이 발생한다. 목소리를 크게 한다고 우리가 행복할까? 아니다. 그 순간에는 손해 보지 않았다는 마음이 들겠지만, 점차로 말에 의한 무게가 나를 옥죄기 마련이다. 입술에 말의 흔적이 남아 있기 때문이다. 주의를 기울여 남의 말을 잘 듣는 것을 의미하는 경청은 단순한 의사소통뿐만 아니라 관계를 돈독히 하고, 신뢰를 만들어 상대방의 마음을 얻을 수 있는 가장 좋은 방법이다.

삶의 지혜는 종종, 듣는 데서 비롯된다

오프라 윈프리는 이청득심의 달인이다. 그녀는 25년 동안 자신의 이름을 내건 '오프라 윈프리 토크쇼'를 진행했다. 그녀의 프로그램을 보면 1시간 동안 진행되는 토크쇼에서 말하는 시간은 10분에 불과하다. 나머지 50분은 상대와 눈을 맞추고, 고개를 끄덕이며 이야기가 끊이지 않도록 질문을 던지는 데 집중한다. 그리고 항상 초대 손님과 따뜻한 포옹을 나눈다.

토크쇼가 진행되는 동안 그녀의 눈은 입을 대신한다. 말을 하지 않는 대신 끊임없이 상대방을 관찰해서 교감하려고 노력한다. 이것이 말로 이청득심의 자세다. 그녀는 세계 최고의 토크쇼 진행자로 등극했다.

소통│疏通│이란 막힌 것을 터버린다는 소│疏│의 개념과, 사

람 간에 연결을 뜻하는 통|通|이란 개념의 합성어다. 진정한 소통은 단순한 의사전달을 넘어서서 존중과 이해를 바탕으로 한, 상호작용의 관점에서 실현될 수 있을 것이다. 아울러 이청득심은 화술의 기본이기도 하다.

잘 말하기 위해서는 우선 잘 들어야만 한다. 차분히 진심으로 들어야 상대의 마음을 여는 열쇠도 얻을 수 있다. 상대의 주장에 동의하지는 않더라도 상대가 말할 권리를 존중할 필요가 있다. 이는 인생에 도움이 되는 자세이기도 하다. 삶의 지혜는 종종 듣는 데서 비롯되고, 삶의 후회는 대개 말하는 데서 비롯되기 마련이다.

그러나 대화 도중 상대방이 하는 말을 가만히 청취하는 것이 능사는 아니다. 이것은 수동적인 행동이다. 상대의 말에 귀 기울인 뒤 적절하게 피드백하면서 대화를 이어나가는 것이 바로 이청득심이다. 눈으로 사물을 응시하는 것은 견|見|이고, 마음으로 바라보는 것은 시|視|다. 눈앞에 있는 현상에만 집중하지 않고 미래 지향적인 시각으로 앞을 내다보는 것을 간|看|이라고 한다.

'관' 자세가 이청득심의 최고 경지

이것보다 한 단계 나아가 사물과 현상의 본질을 꿰뚫어 보는 것이 관|觀|이다. 관의 경지가 바로 이청득심의 최고 경지다. '관'까지는 아니더라도 시의 경지까지는 노력하면 금세 도달할 수 있다. 이를 '공감적 경청'이라고도 하는데, 말하는 사람의 입장에 서서 그 마음을 헤아리며 듣는 것을 말한다. 공감하는 마음 없이 들을 때는 상대방의 내면의 소리를 듣지 못하고, 겉으로 드러나는 소리나 모습으로 판단하게 된다.

어떤 사람이 온갖 너스레를 떨며 허세를 부릴 때, 자기중심적으로 듣는 사람에게는 그저 잘난 체로 보일 따름이다. 하지만 공감적 경청을 하는 사람에게는 그 사람의 한 겹 깊은 곳에 '사랑받고 인정받고 싶어 하는 외로운 마음'이 들리게 된다. 특히나 나이가 들수록 이청득심의 자세는 더욱 중요하다.

기본적으로 상대방의 말을 잘 듣지 못하는 이유는, 듣는 사람의 태도 때문이다. 우리는 본능적으로 자기중심적으로 듣고 상대방을 판단하려 하기 때문이다. 바로 노나라 왕처럼 말이다. 그러다 보니 상대방을 무시하거나 은연중에 자기 생각대로 상대방을 설득하고 조종하려고 한다. 마음에 목적이 서 있는데 어찌 남의 이야기가 곧이곧대로 들릴 수 있겠는가.

그런데 나이가 들수록 경험이 쌓이다 보니, 듣기보다 말이 먼저 나가는 경우가 있다. 말하기는 쉽다. 그러나 제대로 말하려면 들어야 한다. 더욱이 나이가 있는 사람의 말은 무게가 남다르다. 맞는 말이라 하더라도 상황에 따라 적절히 써야 한다. 그 상황에 따름은 바로 들어야만 알 수 있는 것이다. 듣기를 포기하는 것은 성공을 포기하는 것이고, 나아가 소통을 포기하는 것이다. 혼자 살겠다는 뜻이기도 하다. 만약 그런 것이 아니라면 지금이라도 말하기를 줄이고 듣는 데 집중하자. 세상이 달리 보이기 시작할 것이다.

화룡점정(畵龍點睛)
용을 그린 다음 마지막에 눈을 그린다

출발할 때부터 마지막을 생각하는 것은
일의 완성도를 높이는 데 큰 힘이 된다.

끝이 좋으면 모든 게 좋다

화룡점정 畵龍點睛 은 용을 그린 다음 마지막으로 눈동자를 그린다는 뜻으로 가장 요긴한 부분을 마쳐 일을 끝냄을 이른다. 중국 진나라 '진서'에서 유래했는데, 고사는 아래와 같다.

장승요 張僧繇 는 남조 양무제 梁武帝 의 우군장군이자 당대 유명한 화가였다. 특히 인물화에 뛰어났다. 양무제가 각지에 떨어져 있는 아들들이 보고 싶으면 장승요에게 가서 그려오도록 할 정도였다. 그가 그린 초상화는 살아있는 듯

생생해 무제는 그 그림을 보고 안심할 수 있었다.

그는 동물 묘사도 즐겼는데, 예전에 집 동쪽 벽에는 매한 마리를, 서쪽 벽에 도요새 한 마리를 그린 적이 있었다. 그러자, 원래 처마 밑에 살고 있던 새들이 두려워 다시 오지 못할 정도였다. 그런 그가 소주 화엄사 대웅전에 용 한 마리를 그렸다. 그림을 완성하자, 갑자기 광풍과 폭우가 몰아치며 벽의 용이 하늘로 날아오르려고 하여, 다시 쇠사슬을 그려 넣어 용을 붙들어 매었다. 하지만 많은 사람은 그저 소문에 불과하다며 믿지 않았다.

당나라 장언원│張彦遠│이 지은 '당대명화기-권7'에 보면, 금릉 안락사의 스님이 장승요에게 용을 그려달라고 청하자, 많은 사람이 그 모습을 보려고 다투어 안락사로 몰려들었다. 장승요가 말 한마디 없이 집중해 그림을 그리자, 오래지 않아 용 네 마리가 완성되었다. 하지만 용의 눈을 그리지 않자, 많은 사람의 의견이 분분하였으나 이유를 알지 못하였다. 그때 장승요가 말했다.

"여러분들이 보기에는 매우 이상할 것이다. 사실 눈은 용의 정신이 깃든 곳으로, 다른 부분을 완성하는 것은 단지 형체를 그리는 것이나 눈을 그리면 생명이 깃들게 되어 날아가 버린다."

하지만 "눈을 그리는 것만으로 날아간다는 것이 말이 되는가?"라며 많은 사람이 그 말을 믿지 않았다. 그러자 장승요는 고개를 저으며 조심스럽게 용 두 마리의 눈을 그려 넣었다. 그 순간 갑자기 천둥이 치고 비가 내리면서, 두 마리 용이 벽을 부수고 하늘로 날아올랐다. 하지만, 눈을 그리지 않은 두 마리 용은 남아 있었다. 사람들은 너무 놀라, 말 한마디도 할 수 없었다.

화룡점정, 리더가 가져야 할 능력

화룡점정은 가장 중요한 일을 찾아내어 실행함으로 일을 마무리 지을 때 사용하는 표현이다. 이것은 사실 굉장히 뛰어난 능력이며 리더가 가져야 할 능력이기도 하다. 일단 화룡점정의 능력을 갖추기 위해서는 가장 중요한 일이 무엇인지 알아야 한다. 그리고 아는 것에 그치지 않고 행동으로 옮겨야 한다. 행동으로 옮기지 않으면 하찮은 일이라도 마무리를 할 수가 없기 때문이다.

기실 우리들은 하는 일에 늘 불안함을 가지기 마련이다. 하는 일마다 안 되는 것 같고, 늘 출발만 하는 듯하다. 그 누구보다 열심히 하는 것 같은데 앞으로 나가지 못한 채 제자리걸음만 하는 것 같아지는 것이다.

하지만 사실 우리는 늘 앞으로 나아가고 있다. 다만 자신이 하는 일에 확신을 갖지 못하고 있을 뿐이다. 자신이 하는 일이 중요한 일인지 그저 하는 일인지 판단할 수 없기 때문에 오는 현상이다. 중요한 일은 죽었다가 깨어나도 다시 해야만 하는 일을 말한다. 즉 다시 태어나도 내가 해야 할 일이 중요한 일이다. 또한 계속되는 좌절에도 포기가 안 되는 일이기도 하다.

우리 인생은 이런 중요한 일을 찾는 것의 연속이다. 가족을 먹여 살리는 일이 될 수도 있고 이웃을 구하는 일이 될 수도 있으며, 자신의 평화를 찾는 일일 수도 있다. 중요한 것은 인생을 통틀어 어느 순간에라도 이런 일을 꼭 찾아야 한다는 것이다. 또 찾기만 해서는 안 된다. 그 일을 해낼 수 있는 능력도 갖추어야 한다. 당연한 말이지만 능력을 갖추기 위해 노력해야 한다. 노력은 행동을 필요로 한다. 노력을 하는 가운데 내가 경험하는 모든 것들은 나의 능력이 되는 것이다.

사람과의 관계도 화룡점정이 필요하다

흔히들 누군가를 만날 때는 첫인상이 중요하다고 한다. 하지만 실제로는 마지막 모습이 더 중요하다. 이 사람과의 관계가 끝난 후에도 연 | 緣 |을 지속하고 싶다는 느낌은 첫인상이 아니라 대화를 마친 후에 들기 때문이다. 아울러 사람 간의 인연은 어떻게 될지 모르는 것 아닌가. 다시 보지 않을 사람도 나중에 도움이 필요하거나 만나야 하는 일이 분명히 생긴다. 그런데 마무리가 허술하면 그 인연은 지속하지 못한다.

이 밖에 직장이나 사업에서의 일도 마무리를 깔끔하고 완벽하게 해야 착오가 없고 이로 인해 신뢰를 얻을 수 있다. '끝이 좋으면 모든 게 좋다.'는 말이 있다. 물론 이 말이 100% 다 적용되는 것은 아니지만, 끝이 알맞게 끝나면 확실히 일이 매듭지어진 느낌이다. 시작하는 것만큼 맺음도 중요하다. 어쩌면 맺음이 더 중요할 수도 있다. 미국의 인기 작가인 스티븐 킹은 이렇게 말했다.

"소설을 시작할 때 마지막 장면이 가장 먼저 완성돼야 시작한다."

출발할 때부터 마지막을 생각하는 것은 일의 완성도를 높이는 데 큰 힘이 된다. 마무리를 짓지 못한다는 것은 인생 공부를 제대로 하지 않았다는 뜻이다. 삶을 살아가는 것은 늘 끝맺고 다시 시작하는 것 아니겠는가. 지금이라도 맺음을 제대로 하는 노력을 시도해보자.

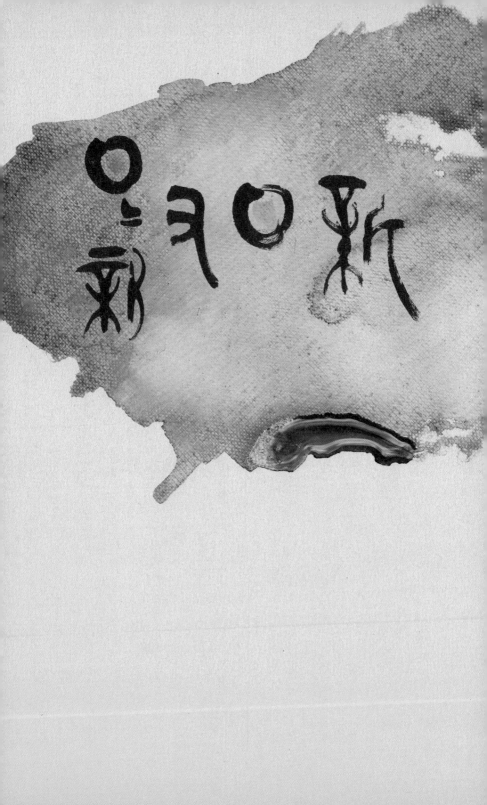

다섯 번째 장

일신우일신

|日新又日新|

매일 새롭게 하라

무신불립(無信不立)
믿음을 얻어라

내가 누군가에게 신뢰를 받지 못한다면
나와 내 가족이 설 자리가 없다.

중심을 잃지 않게 하는 두 가지 훈(訓)

필자의 집 가훈은 전통적으로 '무신불립|無信不立|'이다. 이는 공자|孔子|가 한 말인데 '믿음이 없으면 살아나갈 수 없다.'라는 의미로 논어|論語| '안연편|顔淵篇|'에 실려 있다. 관련 고사는 아래와 같다.

자공|子貢|이 정치|政治|에 관해 묻자, 공자는 "식량을 풍족하게 하고|足食|, 군대를 충분히 하며|足兵|, 백성의 민음을 얻는 일이다|民信|"라고 대답했다.

자공이 "어쩔 수 없이 한 가지를 포기해야 한다면 무엇을 먼저 포기해야 합니까?" 하고 묻자 공자는 군대를 포기해야 한다고 답했다. 자공이 다시 또 하나를 포기해야 한다면 무엇을 그래야 하는지 묻자 공자는 식량을 포기해야 한다며, "예로부터 사람은 누구나 죽음을 피할 수 없지만, 백성의 믿음 없이는 (나라가) 서지 못한다│自古皆有死 民無信不立│"라고 대답했다.

이때부터 정치나 개인 간 믿음과 의리의 중요성을 강조하는 말로 '무신불립│無信不立│'이라는 표현을 쓰기 시작했다. 삼국지에도 이 말이 나온다. 중국 후한│後漢│ 말의 학자로 북해│北海│ 태수를 지낸 공융이 있다. 그는 조조의 공격을 받은 서주│徐州│ 자사 도겸│陶謙│을 구하기 위해 유비에게 공손찬의 군사를 빌리게 했다. 공융은 군사를 가지면 유비의 마음이 변할지도 모른다고 생각했다. 그래서 유비에게 신의를 잃지 말도록 당부했다.

그러자 유비는 논어│論語│를 인용하여 "성인은 '예로부터 누구든지 죽지만 사람은 믿음이 없으면 살아갈 수 없다.'고 하였습니다. 저는 군대를 빌릴지라도 이곳으로 꼭 돌아올 것입니다."라고 대답했다. 결국 무신불립은 믿음과 의리가 없으면 개인이나 국가가 존립하기 어려우므로 신의를 지켜 서로 믿고 의지할 수 있어야 한다는 뜻이다.

생각해 보면 좋았던 시절은 잠깐이었다. 항상 바빴고, 늘 목이 말랐다. 그런 상황에서도 나를 지탱해준 근본적인 힘은 가훈이었던 '무신불립'이었다. 믿음이 없으면 나라가 바로 세워질 수 없듯, 내가 누군가에게 신뢰를 받지 못한다면 나와 내 가족이 설 자리가 없다는 마음뿐이었다. '부자로 살지는 못하더라도 속이지 말고, 하나를 덜 갖더라도 감추지 말자'라는 마음으로 사람들과 부대껴 왔다.

세상을 살아가는 지혜는 아주 단순하다

그러다 보니 '효제충신孝悌忠信'이라는 우리 집만의 가훈도 생겼다. 효제충신은 어버이에게 효도하고孝, 형제끼리 우애하며悌, 임금에 대한 충성忠과 벗 사이의 믿음信이란 말이다. 우리 선조들은 이 말을 항상 곁에 두며 살았고, 가훈으로 이어져 온 집도 많았다. 가정의 화목과 친구와의 의리, 사회의 질서와 안녕을 위한 것이 우리 기성세대들이 가지고자 했던 마음이요, 내가 갖고자 했던 신념이다. 특

히 공손할 제|悌|는 형제간에 차례를 잘 지키는 마음에서 우애가 우러난다는 의미라서 더욱 마음에 와닿았다.

누군가가 나에게 물었다. 왜 자신을 우선하지 않고 효제충신을 앞세우느냐고. 그때 나는 관중이라는 명재상을 떠올렸다. 그는 나라를 다스리는 네 가지 덕목인 예의염치|禮義廉恥, 예절, 옳음, 청렴, 부끄러움|를 사유|四維|라 했고 여기에 인간관계를 유지하는 덕목인 효제충신 네 가지를 더해 팔덕|八德|이라 했다. 어쩌면 나는 자신을 지키기 위해 세상의 덕목 중 좋은 것들을 신념으로 삼았는지도 모른다. 그것이 어떤 위기나 환란 속에서도 나를 지켜줄 것이라는 강한 믿음이 있었기 때문이다. 사실, 언제고 혼란스럽지 않은 때가 있겠는가.

'무신불립'과 '효제충신', 이 두 가지면 세상의 어떤 파도 앞에서도 굳건해질 수 있다. 그렇기 때문에 나는 세상이라는 큰 바다를 향해 다시 노를 저어갈 준비를 하고 있다. 저 바다 역시 내가 살아온 바다와 다를 바가 없다는 것을 잘 알기 때문이다. 내가 중심을 잃지 않는 한, 기필코 저 바다를 건너갈 것이라는 믿음이 있기 때문이다.

허주

작은 빈 배 되어 유유자적 하늘과 바람과 햇살을 즐기며

노닐다 보면, 어느 배에 부딪힌들 어느 곳에 정박한들

누가 뭐라 하겠는가.

마흔이 넘으면
인생 이모작 준비를 시작하라

목표 달성을 자주 하는 사람들을 보면,

큰 결심을 하지 않는다. 목표를 작게 설정한다.

새로운 변화가 필요한 타이밍

학교의 배움은 아니지만 독서와 고전 읽기를 즐겨한 터라, 서예는 나에게 너무도 잘 맞는 옷이었다. 정신수양이 됨은 물론이고 나를 고요하게 만드는데 서예만 한 것이 없었다. 서예를 배우고 공부에 대한 관심이 더욱 커졌다.

살면서 나는 정말 고마운 사람들을 많이 만났다. 직장의 K부사장도 그런 사람 중 한 명이다. 그 역시 서예에 관심이 많았는데, 어쩌다 나의 전시회를 본 모양이었다. 나를 보며 항상 격려하기를 주저하지 않았고 나아가 직장 내에서

전시회를 열 수 있도록 팔을 걷어붙이고 나섰다. 늦깎이로 대학에 다닐 때는 경영학 박사인 P교수가 적극적으로 도와줬다. 내 이야기를 듣고 방향을 잡아주면서 지치지 않도록 조언했다.

나는 20대와 30대, 40대 말까지 가족과 자신을 위해 직장에 모든 시간을 퍼부었다. 나의 모든 것이 직장이었고, 직장은 나의 전부였다. 그러나 일을 해도 끊임없는 공허와 일상의 무게가 나를 짓눌렀다. 필자는 그것을 서예를 통해 극복했다. 그때 나는 이미 40대 후반을 달려가고 있었다.

이 책을 쓰는 것도 그런 경험이 바탕이 되었기 때문이다. 지금 세상은 하루하루가 다르다. 기술이 평생을 먹여 살려주는 세상이 아닌 것이다. 많은 기술이 개발되고 하루아침에 사라진다. 배운 것을 평생 써먹을 수 없는 환경이다. 평생직장이란 개념도 없다. 나이 먹으면 밀려나는 것이 당연한 듯 여겨지는 세상이다.

그렇다고 밀려나서 살 것인가? 그러자고 우리가 청춘을 바쳐 이 나라에서 구슬땀을 흘리며 살아온 것은 아니지 않은가. 그러니 이제 다시 출발할 준비를 해야 한다. 40대

중반이면 운동화 끈을 잠시 풀고 발을 편하게 해준 뒤 다시 꽉 묶어야 할 때다. 인생 이모작의 준비를 본격적으로 해야 한다는 말이다.

일신우일신| 日新又日新 |이란 말은 '나날이 새롭고 또 날이 갈수록 새로워지다.'라는 뜻이다. 출전| 出典 |은 대학| 大學 |이며 구일신 일일신 우일신| 苟日新 日日新 又日新 |에서 유래된 고사성어이다. 상| 商 |나라의 탕왕| 湯王 |이 자신을 경계하기 위하여 자주 사용하는 쟁반에 새겨 놓았던 글이라고 한다. 대학| 大學 |에는 이렇게 기록되어 있다.

'은나라의 왕이 자신을 경계| 警戒 |하기 위해 자주 사용하던 쟁반에 새겨놓은 글이 구일신 일일신 우일신| 진실로 날마다 새로워지려면, 나날이 새롭게 하고 또 날이 갈수록 새롭게 하라 |이라는 말이다.'

인간은 후천적인 학습을 통해 획득하게 되는 제2의 천성, 즉 습관이 있다. 습관은 사람이 환경과 사회의 대응 관계에서 성공을 거둬 안정적인 방식으로 굳어진 측면을 가리킨다. 습관은 하나의 대응 방식으로 수립될 때 분명 그 유효성과 효과가 검증됐다.

그러나 자연과 사회의 조건은 시간의 변화와 더불어 바

꿔기 마련이다. 과거에 유효했던 습관의 매뉴얼이 10년, 20년이 지난 뒤에는 그대로 통용되지 않을 수 있다. 이때가 바로 새로운 변화가 필요한 타이밍이다. 하지만 습관의 힘은 너무나도 견고해서 새로운 현상을 일시적인 사례로 치부하고 옛날에 했던 방식에 안주하려고 한다.

특히 과거에 일궈낸 성공의 신화에 도취하면 변화의 필요성을 더더욱 인정하지 않게 된다. '성경'에 새 술은 새 부대에 담아야 포도주가 발효되는 과정을 잘 견뎌내서 좋은 술을 만들 수 있다는 말이 나온다. 마흔을 넘어서면 이제 기존의 습관이 몸에 익을 대로 익은 상황이다. 한쪽에서는 익숙한 습관으로 맡은 바 일을 무난하게 처리하겠지만, 다른 쪽에서는 더 이상 새로운 변화를 받아들이지 못하는 상황이 발생할 수 있다.

미리 준비한다면 다른 선택지가 생긴다

100세 시대, 우리 사회는 60세가 그 인생을 일단락시킨다. 그런다고 우리가 사라지는 것은 아니지 않은가. 아무것도 준비하지 않고 절벽 앞에 서면 할 수 있는 행동은 두

가지뿐이다. 다리를 떨며 아래를 내려다보기를 포기하면서 웅크리고만 있게 되거나 멋모르고 내려가려다 위기를 맞게 된다.

하지만 절벽에 설 것을 알고 미리 준비한다면 다른 선택지가 생기기 마련이다. 무엇을 어떻게 배우라고 하는 말이 아니다. 먼저 가져야 할 것은 달라짐을 인정하는 것이다. 달라짐은 인간이 이성을 발휘해 새로운 습관을 창출하는 과정이다. '대학'은 '일신우일신'하던 탕 임금의 자세를 통해 삶의 다양한 분야에서 '어제보다 나은 오늘'을 맞이하는 지혜를 제안하고 있다.

어제와 다른 오늘은 변화를 인정하는 데서 오는 것이다. 한 가지 덧붙이자면 "작은 변화가 지닌 힘을 믿고, 한 번에 한 가지씩 변화의 씨앗을 뿌리면 그 변화들은 더욱 뛰어난 건강과 인간관계, 더욱 고상한 마음과 정신, 더 훌륭한 인생으로 자라난다 | 래리&수잔 터클, '스몰 체인지' 중에서 |."라는 말이 있다.

젓가락을 잘 쪼개면 평행을 이룬다. 이렇게 평행이 된 두 직선은 지구를 한 바퀴 돌아도 만날 확률이 없다. 그런데 만약, 단 1도만이라도 기울어진다면 얘기가 달라진다.

360개의 각도 중 단 1도만 기울어져도 젓가락은 맞닿게 되는 것이다. 사람들은 말한다. 새로운 시작을 할 때는 남다른 각오가 필요하다고.

물론 맞는 말이다. 큰 결심은 큰 행동을 요구한다. 큰 행동은 익숙하지 않은 사람에게는 엄청난 부담이다. 마치 어울리지 않은 옷을 억지로 입으려고 하는 것처럼. 목표 달성을 자주 하는 사람들을 보면, 큰 결심을 하지 않는다. 목표를 작게 설정한다.

작게 나누어 시작하자

자신이 지키기 쉬운 작은 일부터 시작하게 되면 생각보다 빨리 적응할 수 있게 되기 때문이다. 목표를 이루기 위해 가장 중요한 것은 긍정적인 마음이다. 대부분의 사람은 장단기의 목표를 가지고 있다. 하지만 그 목표를 이루기 위한 노력은 사람별로 엄연한 차이가 있다. 그리고 그 차이가 결국 성공과 실패로 나누어지게 한다.

그러니 큰 것을 보지 말자. 마흔이 넘어서면 굳이 말하지 않아도 이것은 어느 정도 몸에 익숙해져 있는 이야기다. 처음부터 어마어마한 꿈을 꾸고 그것을 밀어붙이는 사람도 있긴 하다. 대단한 사람들이다. 그런 사람들은 뭘 해도 성공하기 마련이다. 하지만 모두가 그런 것은 아니다. 거대한 꿈을 이루기 위해서는 자기 의지도 필요하지만 주변의 협조가 매우 중요하다.

　모두가 그런 것을 타고나지는 않는다. 작은 것이라도 계속 꾸준히 하다 보면 그것이 확장된다. 자신을 변화시키고 싶다면 한 번에 다 바꾸지 못하더라도 조금씩 변화를 주면 그 차이는 분명해진다. 한 번에 많은 것을 바꾸려고 하면 중간에 지치게 된다. 아주 작은 변화라도 계속하다 보면 그것의 결과물이 보이게 되고 스스로 더욱 노력하게 된다.

　아울러 '뭐 해보니까 별거 아니네.'라는 자신감을 부여해주기도 한다. 맥락은 약간 다르지만 필자가 서예를 통해 얻은 마음도 이와 비슷하다. 주저하지 마라. 그렇다고 크게 보려고도 하지 마라. 작은 것부터 손을 대자. 그러다 보면 어느새 절벽 위에 올라서는 날, 그 상황을 헤쳐나가고, 즐기는 사람으로 바뀌어 있을 것이다. 내가 그러했듯이 말이다.

영원한 직장은 없지만
영원한 직업은 있다

천직은 내가 지금 손대고 하는 일이다. 남이 하는 일에 나를
비교하지 말고 내가 하는 일에서 삶의 의미를 찾으면 창직,
천직이 가능하다.

삶과 철학이 녹아 있는 천직

사상 최대의 취업난이 몇 년씩 지속하면서 요즘 사회에
서는 직업을 만든다는 의미의 '창직'이라는 말이 자주 거
론되고 있다. 과거에는 창업이었는데, 이제는 창직이다. 창
직이란 본래 직장이나 직업을 만든다는 뜻이다. 하지만 요
즘에는 창업으로서 취업한다는 뜻으로 통한다.

창직은 우리 주변에 생각보다 가까이 있다. 기업재난전
문가, 레저선박시설전문가 등의 생소한 직업은 사실상 창
직을 통해 나온 직업들이라고 볼 수 있다. 한국고용정보원

은 얼마 전 제2차 정부육성지원 신직업을 선정 발표했다. 이들은 최근 5~10년을 전후해 국내 노동시장에 새롭게 등장한 직업이다.

자세히 살펴보면 정부 육성·지원 신직업으로 기업재난관리자, 의약품 인허가전문가, 주택임대관리사, 레저선박시설 ㅣ마리나ㅣ전문가, 대체투자전문가, 해양설비 ㅣ플랜트ㅣ 기본설계사 등이 꼽혔다. 또 시장에서 수요가 생겨나고 인프라가 구축되고 있는 직업으로 방재전문가, 미디어콘텐츠 창작자, 진로체험 코디네이터, 직무능력평가사, 3D프린팅 운영전문가, 상품·공간 스토리텔러 등이 꼽혔다.

대부분 생소한 직업들이다. 그런데 모두 다 현실성 있는 직업이자 틈새시장을 노린 직업이며, 어떤 면에서는 경쟁자 없는 블루오션 직업이다. 이뿐만이 아니다. 새로 생겨난 직업으로 개인 간 대출전문가, 의료관광 경영컨설턴트, 크루즈승무원, 기술문서전문가, 문신아티스트 등도 있었다.

창직은 이미 유럽 등지에서는 고용불안을 해결할 수 있는 대안으로 각광받고 있다. 이제 기존의 직업에서 미래를 열어가는 것이 쉽지 않은 세상이다. 언제까지 거기에 매달려 시간을 낭비할 필요가 없다. 할 수 있는 역할을 만들면 된다. '창직'은 결코 멀리 있지 않다. 새로운 수요가 생기면 직업 또한 자연스럽게 생기기 마련이다.

2000년 후반에 세상을 뒤집어 놓았던 아이폰을 보자. 그 전에 애플리케이션이라는 단어는 전문가들이나 쓰는 것이었다. 그런데 지금은 줄여서 '앱'이라고 부르는 것이 너무나 당연하게 느껴진다. 아이폰은 탄생만으로 수많은 직업을 만들어냈다. 스마트폰과 관련된 것만 해도 1,000여 종이 넘는다. 더욱이 이 직업은 한 나라에 머물지 않고 전 세계를 공략한다.

시야를 넓히면 길이 보인다

난파됐다고 배의 파편만 붙들고 있으면 결국 같이 쓸려가기 마련이다. 적극적으로 주변을 돌아보고 무엇이 보인다면 팔을 저어 거기로 달려가야 한다. 물론 신중함과 미래를 보는 시야를 갖춰야 하는 것은 당연하다. 아울러 철학이 있어야 한다.

물론 마흔을 넘은 직장인에게 '철학'이라는 단어를 이야기하면 분위기가 삭막해질 수 있다. 그들이 '철학'의 중요성을 모르는 것이 아니라 '현실'이 그들을 자유롭게 사유할 수 없도록 조이기 때문이다. 팍팍하고 힘든 나날이 끝없이 이어지는 시간 속에서 '철학'은 정말 한가한 이야기일 수밖에 없다.

하지만 철학은 알아듣기 어려운 기묘한 말로 유식을 자랑하거나 실생활과 별로 관련 없는 학문이 아니다. 철학은 가치 판단학이다. 과학은 있는 그대로의 사물을 탐구하는 학문이다. 철학은 그러한 사물과 사람의 가치를 찾는 학문이며 우리가 추구해야 할 가장 이상적인 것은 무엇인가에 관한 답을 주는 학문이다.

철학은 사유를 통해 나의 가치를 재인식시킴으로써 본능으로 이뤄진 동물과 인간을 차별화시킨다. 그저 누군가 시키는 대로 살아가면서도 거기에 만족한다면 '철학'은 애초부터 필요가 없는 학문이다. 인간은 좋음과 나쁨, 진실과 허위, 아름다움과 추함, 착함과 악함 등에 대해 평가를 한다. 당연하게도 허위를 미워하고 추함을 피하려 하며 악한 것을 보고 분개하거나 자신은 착하게 살기를 원한다.

즉, 가치를 추구하는 동물이라는 것이다.

미와 선의 가치를 추구하고 그 속에서 자신을 발견하는 것이 인간이라는 동물이다. 여기에는 자본주의 사회가 말하는 원인과 결과만 존재하는 것이 아니라 과정과 변수가 자리한다. 하지만 우리 사회는 과학이 도달한 것 이상의 것은 탐구하려 하지 않고 아예 그 존재가 없다고 손쉽게 규정해버린다. 철학이 없는 인간은 심오한 상상력을 거세당한 인간이기도 하다.

덧붙여 철학은 인간이 왜 생존하며 어떻게 생존하는 것이 바람직한가를 파악하는 학문이다. 이런 고민과 해답은 시기에 따라 인생관이 되고 세계관이 되며, 인간관이 되기도 한다. 아이폰을 개발한 스티브 잡스는 이런 철학을 테크놀로지에 결합한 사람이다. 창직도 마찬가지다.

평생직업은 철학이 있어야만 가능

창직은 자신의 천직을 만들어가는 과정이다. 천직은 평생직업이다. 평생직업은 자기의 철학이 있어야만 가능하다. 천직은 성취감을 주는 일이다. 매일 아침 일어나야 할 이유가 거기에 있다. 보람과 가치가 있는 일은 남이 시키지 않아도 스스로 척척 해낸다. 게다가 지치지도 않는다. 동기유발이 충만하기 때문이다. 먹고 살기 위해 하는 일은 재미가 없다. 하지만 천직은 재미를 넘어 삶을 송두리째 바치고도 남는 일이다. 자신의 삶과 철학이 녹아있기 때문이다.

동서양을 막론하고 위대한 일을 해낸 선각자들이 걸어갔던 길이 바로 그들의 천직이다. 처음부터 천직이라 말하지 않았지만 그들이 가고 나면 세상 사람들이 그들의 일과 직업을 천직이라 부른다. 하찮아 보이는 일이라도 천직이 되는 데는 부족함이 없다. 독일 철학자 니체는 "살아야 할 이유가 있는 사람은 그 어떤 것도 견딜 수 있다."라고 했다. 삶의 목적이 있고 가치 있는 삶을 살기로 작정한 사람들에게 천직은 자연스럽게 따라붙는다.

마리 퀴리는 세속의 안락함과 관심을 뒤로 한 채 오로지 천직을 키워나갔다. 그녀는 67세의 나이로 세상을 떠나기 전 자신의 노동 철학을 이렇게 요약했는데 이게 바로 천직이라고 할 수 있다.

"누구한테나 인생은 쉽지 않은 법이다. 하지만 어떻게

살아야 하는가? 끈기와 함께 무엇보다 자신에 대한 확신을 가져야 한다. 자신이 어떤 일엔가 재능이 있다고 믿어야 하며, 어떤 희생을 치르든 그것을 달성해야 한다."

이게 바로 천직이다. 창직은 이런 천직을 만드는 일이다. 인생 1모작은 남들이 만들어 놓은 경기장에서 숨 가쁘게 뛰어다니는 것이라면 2모작은 내가 만든 놀이터에서 마음껏 놀아보는 것이라고 할 수 있는데, 이 또한 나쁘지 않은 일이다. 세상이 뭐라고 해도 천직은 내가 지금 손대고 하는 일이다. 남이 하는 일에 나를 비교하지 말고 내가 하는 일에만 충실하면 된다. 거기에서 삶의 의미를 찾으면 창직, 천직이 가능하다. 무슨 대단한 일이 아니면 또 어떤가? 많은 사람에게 드러나지 않으면 어떤가? 그런 일 속에서 보람을 찾고 행복을 누리면 그게 천직이다.

우리는 마흔을 넘어서면 직장이 아닌 직업, 나를 위한 직업을 스스로 만들 수 있는 힘과 기술, 철학을 지녀야 한다. 늦지 않았다. 지금부터 시작해보자.

휘광일신

휘광이란 강한 빛이다.

매일같이 새롭게 성장해가면

언젠가 그 빛이 밖으로 새어나온다.

즐기는 사람은 절대 이길 수 없다

즐긴다는 것은 경험을 바탕으로 노력한 뒤에 주어지는 보상
이다. 무언가가 쌓이기 전에 즐긴다는 것은 불가능하다.

즐기는 사람이 이긴다

논어ㅣ論語ㅣ 옹야편ㅣ雍也篇ㅣ에 '子曰, 知之者不如好之者 好之
者不如樂之者ㅣ자왈, 지지자불여호지자, 호지자불여락지자ㅣ'라는 말이 있다.
해석하자면 '공자ㅣ孔子ㅣ께서 말씀하시기를 (어떤 사실을) 아
는 사람은 그것을 좋아하는 사람만 못하고, 좋아하는 사
람은 즐기는 사람만 못하다.'라는 뜻이다.

이 글의 주석에는 다음과 같이 풀이되어 있다.

'안다는 것은 진리ㅣ眞理ㅣ가 있다는 것을 아는 것이다. 좋
아한다는 것은 좋아만 했지 완전ㅣ完全ㅣ히 얻지 못한 것이다.

즐긴다는 것은 완전│完全│히 얻어서 이를 즐긴다는 것이다.'

너무 유명한 말이라 들어 본 적이 있을 것이다. 어떤 것을 즐기는 자는 그것을 아는 자이면서 그것을 위해 노력해 본 자라고 할 수 있다. 알고 노력했는데, 더욱이 즐기기까지 한다면 그야말로 금상첨화지 않겠는가. 사실 즐긴다는 것은 정말 큰 의미다. 그것은 때로 나이가 필요한 일일 수도 있다.

골프 또한 처음엔 거의 흥미나 비즈니스 등의 이유로 시작한다. 그런데 하다 보니 재미가 생겨난다. 그리고 지는 것에 슬슬 화가 난다. 그래서 레슨을 받고 다른 사람이 어떻게 하는지 TV로 지켜본다. 그렇게 조금씩 연습하다 보면 어느새 이기기 시작한다. 그때부터 골프는 즐거워지기 시작한다. 한창 노력할 때는 지면 화나고 분하지만, 나중에는 지더라도 "대단하다."며 상대를 치켜세운다.

사실상, 이 정도쯤 되면 골프의 고수라고 봐도 무방하다. 즐기기 위해서는 그 대상을 알아야 한다. 잘 알고 파악해야 여유가 생기게 되고 여유가 있으니 즐길 마음이 드는 것이다. 하지만 세상살이가 그렇게 모든 것에 시간이 넉넉한 것은 아니다. 공자님의 시대야 하나의 장인이 되고 그 것을 즐기기까지 시간이 넉넉했다고 할 수 있지만, 요즘 시 대는 그런 인내심이 없다.

그렇다면 출발 지점부터 신명 나는 일을 찾아 즐기면서 시작하는 것도 나쁘진 않은 것 같다. 나의 주특기와 내게 맞는 일을 찾고 그것을 발전시켜 나가는 과정 자체를 온전 히 자신의 즐거움으로 인식하는 것이다. 나와 맞는 일이니 불편하지 않고, 즐기는 일이니 관심이 가지 않을 수 없다. 노력하는 시간이 아깝지 않고, 그 결과가 작더라도 다시 도전할 수 있다.

진정한 고수는 즐기는 자이다

정말로 좋아하는 일을 열심히 하면 세계적인 수준이 될 수도 있다. 2,500년 전, 즐기는 자를 이길 수 없다ㅣ知之者 不如 好之者, 好之者 不如樂之者ㅣ는 사실을 공자는 이미 알고 있었다. 특 별하게 자신이 있는 분야를 사랑하는 사람은 대단한 사람 이다. 지금은 거장이 아니더라도 충분히 거장이나 장인이 될 수 있는 사람이다.

나아가 무언가를 새롭게 시작하려 한다면 자기가 잘할 수 있는 분야나, 좋아하는 것을 찾아서 시작하자. 특히나 자기가 잘할 수 있는 분야라면 시작부터 이미 즐길 준비가 끝난 것이나 진배없다. 남은 것은 열정을 유지하면서 성장하는 과정만 거치면 된다.

　　다만, 즐기는 자가 되려면 어느 정도 나이도 필요하다. 청춘이었을 때, 우리가 즐긴 적이 있었는가. 사실 그럴 수도 없다. 미친 듯이 앞만 보고 달려야 하기 때문이다. 무언가가 쌓이기도 전에 즐긴다는 것은 불가능한 일이다. 즉, 즐긴다는 것의 본질은 각고의 노력이 밑바탕에 있어야만 한다. 40~50대라면 안다. 세상을 살아나가는 것이 절대 만만치 않다는 것을. 노력이 없는 삶은 실패로 이어진다는 것도 경험상 체감한 상태다.

　　즐긴다는 것은 이런 경험을 바탕으로 노력한 뒤에 주어지는 보상이다. 지금은 연예인이 된 농구선수 서장훈이 청춘 페스티벌에서 강연하는 것을 보았다. 서장훈은 강연에서 "여러분들의 청춘을 응원한다? 아프니깐 청춘이다? 하고 싶은 거 즐기면 다 된다? 무책임하게 응원한다는 말에

분노를 느꼈다."라고 말했다. 또한 "즐기면 안 된다. 즐겨서
다 된다는 것은 한 번도 본 적이 없다."라고 했다.

틀린 말이 아니다. 그가 분노하는 이유는 아직 시작도
하지 않은 청춘들에게 '즐기라'고 말하기 때문이다. 최고
의 자리에 오르기 위해서는 부단한 노력이 필요하다. 그
눈물겨운 노력이 첩첩이 쌓여서 종내에는 즐기는 상황까
지 이어지는 것이다. 그러니 우리가 어디 가서 '즐기는 사
람이 이긴다.'라고 조언할 때 잊지 말고 꼭 바탕을 먼저 말
해줘야 한다. "쉬지 않고 노력해라. 그래야 즐길 수 있게 된
다."라고 말이다.

뜻을 만드는 위대한 사고과정

고매한 뜻과 목적의식이 있어야 한다. 그렇지 않으면 모든 힘을 다하더라도 주위 사람들의 협력을 얻을 수 없고, 그 일을 성공시킬 수도 없다

무언가 이루려면 사람의 마음 얻어야

인간은 무엇을 위해 살아가는가. 아니 우리가 살아 있는 이유는 무엇일까? 시대가 바뀌고 나라가 달라져도 '사람으로 태어난 이상 충실히, 그리고 의미 있게 인생을 살아가고 싶다.'라는 생각은 어쩌면 당연한 것이다.

나아가 궁극적으로 '내가 하는 일이 세상에 도움이 되었고 그로써 내 인생도 행복했다.'라는 마음이 든다면 그 인생은 성공한 것이다. 필자가 세상을 다 안다고 할 수는 없지만 많은 사람이 말년에 이런 말을 할 수 있는 인생을 꿈

꾼다. 적어도 지금까지 만나왔던 사람들은 그러했다.

인간에게는 자기 일과 인생을 정당화하려는 강한 욕구가 있기 때문이다. 바꿔 말하자면 인간은 자신의 인생과 일에서 삶의 보람과 의미를 찾아내려고 노력한다는 뜻이다. 그렇지 않으면 누구도 오랜 세월 동안 계속 일할 수 없다. 중요한 것은 인생의 목표를 뜻이 높은 곳에 두어야 한다는 것이다. 수준이 낮고 떳떳하지 못한 뜻에 목표를 두게 되면 의욕도 당연히 사라지기 마련이다.

일반적으로 적극적이고 강한 열정이 있으면 반드시 성공한다고 말한다. 하지만, 그런 열정이 뒤틀린 것이라면 성공한 원인이 동시에 몰락의 이유가 될 수도 있다. 다시 말해 강한 열정은 성공을 부르기도 하지만, 그 열정이 지나치면 본래의 의미를 잃고 실패라는 함정을 더욱 더 깊게 만들기도 한다. 강한 열정은 필요조건이지, 필수 조건은 아니다. 성공하려면 여러 가지가 필요하다. 인간성, 인생관, 다듬어지고 성숙한 철학 등이 함께 해야 한다. 이것이 선행되지 않는다면 성공은 결코 지속할 수 없는 법이다.

나아가 무언가를 이루어내려면 많은 사람의 마음을 얻

어 그들의 참여를 끌어낼 수 있을 만큼 순수하고 강한 동기가 필요하다. 그렇기에 누가, 어떤 방향에서 보더라도 당당하게 말할 수 있는 고매한 뜻과 목적의식이 있어야 한다. 그렇지 않으면 모든 힘을 다하더라도 주위 사람들의 협력을 얻을 수 없고, 그 일을 성공시킬 수도 없다. 그러니 인생을 돌아보고 성공을 향해 방향을 잡으려거든 가장 먼저 행동방식에 대한 변화의 필요성을 인식해야 한다.

성공은 타인을 어떻게 키우느냐에 따라

리더가 되기 전, 성공은 당신 한 사람에 국한된 개념이었다. 하지만 리더가 되고 나면 그의 성공은 다른 사람을 어떻게 키우느냐에 따라 좌우된다. 한 조직원으로서 리더는 업무보다 자기 팀을 양육하고 지지하면서 팀원 개개인의 자신감을 독려하는 역할이 훨씬 더 중요해진다는 의미다. 리더는 팀원을 적극적으로 이끄는 멘토가 되어야 한다. 미래에 대한 낙관적인 자세를 보이고 각 팀원의 발전에 열정적인 관심을 기울여야 한다.

성공은 자신이 선택한 목적지에 도달하는 것, 목표를 달성하는 것을 말한다. 경제적인 성공에 반드시 도덕적인 타락이 수반되는 것은 아니다. 사람이 의미 있는 일을 하게 되면 그때부터 단지 생존하는 게 아니라 꿈꿀 수 있는 자유가 생긴다. 그렇기에 대부분 리더는 올바른 방식의 성공을 추구한다. 이는 결과적으로 더 나은 삶을 만들어가길 원하는 것과 같은 맥락이다.

단조로운 생활 리듬이나 행동 패턴은 뇌의 작용을 둔화시킨다. 이는 풍부한 상상력이나 사고력을 죽이는 행위다. 위대한 뜻은 상상력과 사고에서 나온다. 자신의 한계를 극복하고 성장하기 위해서는 비일상적인 경험이나 꿈에도 생각지 못한 것에 대해서도 가능성을 부여할 필요가 있다. 습관적인 행동을 고집하는 대신 일상적인 감각을 유연하게 하면 새로운 상황에 부닥쳐도 스트레스를 받지 않는다.

특히 긍정적인 어휘를 많이 사용하는 사람은 사고 패턴이나 사고 습관도 긍정적이다. 부정적 어휘를 많이 사용하는 사람은 사고 패턴이나 사고 습관도 부정적일 수밖에 없다. 아울러 상식에 얽매이지 않는 파격적인 발상이 성공의 열쇠가 될 수 있다. 의식적으로 상식을 타파하다 보면 숨은 능력을 끌어낼 수 있다. 이를 위해 여행을 하는 것도 좋은 방법이다. 여행을 통해 그동안 생각지도 못한 발견이나 발상하는 법을 저절로 습득할 수 있기 때문이다. 이는 일상생활과 동떨어진 세계 속에서 평상시에 사용하지 않는 사고회로가 활동하기에 가능하다. 나아가 충실하고 멋진 인생을 위해서는 심신의 건강이 전제 조건이다.

가장 나쁜 것은 아무 것도 결정하지 않는 것

뜻을 가진 사람들이 믿는 것은 생각보다 단순하다. 하지만 그 단순함 속에 숨겨진 풍부한 가능성에 집중해 왔다. 필자가 가장 마음에 들어 하는 말은 미국 펩시콜라 최고 경영자였던 로저 엔리코의 '가장 나쁜 것은 아무것도 결정하지 않는 것이다.'라는 말이다. 우리는 매 순간 결정하면서 살아야 한다. 사소한 것부터 위대한 것까지.

그러니 지금부터라도 뜻을 높게 갖자. 높은 뜻을 가져야 결정도 위대해진다. 뜻이 없다면 삶은 빈약함 그 이상도 이하도 아니다. 한 번뿐인 인생, 죽기 전까지 날아보려고 노력하는 것이야말로 내 인생을 풍족하게 만드는 행위다.

드디어 긴 글의 맺음말에 도달했다. 지난 2016년 명예퇴직 후 나는 많은 것들을 고민했다. 물론 어떤 일을 할 것인지는 퇴직 전부터 결정했다. 준비한 아이템 역시 비전이 있는 일이었다. 착착 순서대로 밟아 나갔다. 그런데도 어쩐지 허전했다. 무엇인가를 회사에 놓고 나온 듯했다.

서예를 하면서 마음을 다잡게 되었고 그때 비로소 알게 되었다. 선배로서, 앞서간 자로서 제대로 된 조언 한번 나누지 못하고 나온 것 때문이었다. 살면서 많은 말들을 해왔다. 누군가에게는 도움이 됐을 것이고 누군가에는 불필요한 충고였을 수도 있다. 또 그것이 불편했던 사람도 있었을 것이다. 그것은 내 조언이 결국 나의 경험 안에 묶여 있는 것이기 때문이라고 생각한다.

곰곰이 생각해보았다. 내가 누군가에게 조언하려면, 어떤 방식이 가장 좋을까? 나아가 나는 왜 조언을 하려고 하는 것인가? 두 가지의 질문이 마침내 이 책을 집필하게 했다. 필자는 근현대사의 격변을 정면으로 마주한 세대이다. 대한민국이 어려웠던 시절에 태어나 성장하는 과정에서 한 축을 담당했다. 그러나 우리는 아직 끝이 아니다. 적어도 우리가 청춘을 바쳤던 그 시간이 후배들에게 들려주지 못할만큼 부족한 시간이 아니었듯, 경험 또한 미래를 살아가는 이들에게 도움이 될 수 있다는 것도 명확한 일이다.

교토삼굴 l 狡兎三窟, 영리한 토끼는 세 개의 굴을 판다. l, 누구나 편안할 때 위기에 대한 대비책을 세 개 정도 세워둘 필요가 있다. 결국 인생은 유비무환 l 有備無患 l이다. 이 책을 20대나 30대가 읽는다면 생각이 깊어졌으면 좋겠고, 40대나 50대가 읽는다면 아는 것을 재점검하고 새로운 결심을 하는데 도움이 되었으면 한다. 사자성어를 빗대어 조언함은, 결국 만고의 진리는 천 년 전이나 지금이나 변함이 없다는 사실을 잘 알기 때문이다.

사자성어를 붓으로 쓰면서 그 안의 뜻을 되새기다 보면 무릎을 치는 경우가 한두 번이 아니었다. 그래서 나도 모르게 그 깨달음을 나눠보려고 원고지를 펼쳐 정신없이 써왔다. 첫 책을 읽어준 독자들에게 감사할 따름이다.

나를 찾는
고전 인문학 여행